Hugo's Simplified System

Portuguese
Phrase Book

Hugo's Language Books Ltd, London

This edition
© 1986 Hugo's Language Books Ltd/Lexus Ltd
All rights reserved
ISBN 0 85285 092 1

Compiled by
Lexus Ltd
with
Ana de Sá Hughes
and
Mike Harland

*Facts and figures given in this book were
correct when printed. If you discover any
changes, please write to us.*

Reprinted 1987

Set in 9/9 Plantin Light by
Typesetters Ltd and
printed in England by
Anchor Brendon Ltd

CONTENTS

PREFACE

This is the latest in a long line of Hugo Phrase Books and is of excellent pedigree, having been compiled by experts to meet the general needs of tourists and business travellers. Arranged under the usual headings of 'Hotels', 'Motoring' and so forth, the ample selection of useful words and phrases is supported by a 2000-line mini-dictionary. By cross-reference to this, scores of additional phrases may be formed. There is also an extensive menu guide listing approximately 550 dishes or methods of cooking and presentation.

The pronunciation of words and phrases in the main text is imitated in English sound syllables, and highlighted sections illustrate some of the replies you may be given and the signs or instructions you may see or hear.

PRONUNCIATION

When reading the imitated pronunciation, stress that part which is underlined. Pronounce each syllable as if it formed part of an English word, and you will be understood sufficiently well. Avoid pauses between the syllables. The Portuguese have an irrepressible tendency to link the sound of a terminal vowel with the beginning of the next word. They have a 'soft' pronunciation and will often swallow word endings; given this complex sound structure it is not always easy to transcribe Portuguese in terms of English spelling.

Remember the points below, and your pronunciation will be even closer to the correct Portuguese.

ng As in *nowng* (for 'não'): it represents the nasal sound made when the vowels a, e, i, o or u precede m or n, and the nasal diphthongs ão, ãe, ãi and õe. If you're familiar with the French pronunciation of words like 'monter', 'environ', then the Portuguese nasal sound should be no problem to you. Don't give the *g* of *ng* its full (hard) value as in 'sing' - treat the letter combination as a symbol of the nasal sound.

j As in *ajoodahr* (for 'ajudar'): this should be sounded as you would in the s in 'pleasure', soft not hard.

u As in *kah-zuh duh bahn-yoo* (for 'casa de banho'): this is a dull u sound, as in 'mother'.

USEFUL EVERYDAY PHRASES

Yes/No
Sim/Não
seeng/nowng

Thank you
Obrigado *(said by man)*
obreegah-doo
Obrigada *(said by woman)*
obreegah-duh

No thank you
Não obrigado
nowng obreegah-doo

Please
Por favor
poor fuh-vor

I don't understand
Não compreendo
nowng kompree-endoo

Do you speak English/French/Spanish?
Fala inglês/francês/espanhol?
fah-luh eenglesh/fransesh/shpan-yoll

I can't speak Portuguese
Eu não falo português
eh-oo nowng fah-loo poortoo-gesh

Please speak more slowly
Por favor, fale mais devagar
poor fuh-vor, fahl mysh duvvagahr

Please write it down for me
Não se importa de me escrever isso?
nowng see eemportuh duh mushkrevair eessoo

Good morning
Bom dia
bong dee-uh

Good afternoon
Boa tarde
boh-uh tard

Good night
Boa noite
boh-uh noyt

Goodbye
Adeus
adeh-oosh

How are you?
Como está?
koh-moo shta

Excuse me please
Se faz favor
suh fash fuh-vor

Sorry!
Desculpe!
dushkoolp

I'm really sorry
Tenho muita pena
tenyoo mweentuh peh-nuh

Can you help me?
Pode-me ajudar?
pod-muh ajoodar

Can you tell me...?
Pode-me dizer...?
pod-muh deezair

Can I have...?
Dá-me...?
da-muh

I would like...
Queria...
kree-uh

Is there ... here?
Há ... aqui?
ah ... akee

Where is the toilet?
Onde é a casa de banho?
ondee eh uh kah-zuh duh bahn-yoo

Where can I get...?
Onde posso arranjar...?
onduh possoo arranjahr

How much is it?
Quanto custa?
kwantoo kooshtuh

Do you take credit cards?
Aceitam cartões de crédito?
assay-towng kartoyngsh duh kredditoo

USEFUL EVERYDAY PHRASES

Can I pay by cheque?
Posso pagar com cheque?
possoo pagahr kong shek

What time is it?
Que horas são?
kee orush sowng

I must go now
Tenho que me ir embora
tenyoo kuh muh eer emboruh

Cheers!
Saúde!
sa-ood

Go away!
Vá-se embora!
vassuh emboruh

THINGS YOU'LL SEE OR HEAR

aberto	open
água potável	drinking water
aluga-se	for rent
caixa	till
casa de banho	toilet
com licença	excuse me
como está?	how are you?
de nada	don't mention it
desculpe	sorry
é favor fechar a porta	please close the door
elevador	lift
empurre	push

encerrado	closed
entrada	way in/entrance
entrada livre	admission free
fechado	closed
fechado para férias	closed for holiday period
fechado para obras	closed for repairs
h, homens	gentlemen
horário de abertura	opening times
horas de visita	visiting hours
lavabos	toilet
muito prazer!	pleased to meet you!
não	no
não falo inglês	I don't speak English
não faz mal	never mind
não fumar	no smoking
obrigado	thank you
ocupado	engaged
perdão	sorry
perigo de morte	danger
pintado de fresco	wet paint
privado	private
proibida a entrada	no admittance
puxe	pull
reservado	reserved
s	ladies
saída	way out
saída de emergência	emergency exit
saldos	sale
senhoras	ladies
sim	yes
toilette	toilet
um momento, por favor	one moment, please
vende-se	for sale

DAYS, MONTHS, SEASONS

Sunday	Domingo	*domeengoo*
Monday	Segunda-feira	*segoonduh fay-ruh*
Tuesday	Terça-feira	*tairsuh fay-ruh*
Wednesday	Quarta-feira	*kwartuh fay-ruh*
Thursday	Quinta-feira	*keentuh fay-ruh*
Friday	Sexta-feira	*seshtuh fay-ruh*
Saturday	Sábado	*sabadoo*
January	Janeiro	*janay-roo*
February	Fevereiro	*fuvray-roo*
March	Março	*marsoo*
April	Abril	*abreel*
May	Maio	*my-oo*
June	Junho	*joon-yoo*
July	Julho	*jool-yoo*
August	Agosto	*agoshtoo*
September	Setembro	*setembroo*
October	Outubro	*oh-toobroo*
November	Novembro	*noovembroo*
December	Dezembro	*dezembroo*
Spring	Primavera	*preema-vairuh*
Summer	Verão	*verowng*
Autumn	Outono	*otoh-noo*
Winter	Inverno	*eemvairnoo*
Christmas	Natal	*natahl*
Christmas Eve	Véspera de Natal	*veshpurruh duh natahl*
Good Friday	Sexta-feira Santa	*seshtuh fay-ruh santuh*
Easter	Páscoa,	*pashk-wuh,*
	Semana Santa	*semah-nuh santuh*
New Year	Ano Novo	*ah-noo noh-voo*
New Year's Eve	Véspera de Ano	*veshpuh-ruh dah-noo*
	Novo	*noh-voo*

NUMBERS

0 zero *zairoo*
1 um *oom*
2 dois *doysh*
3 três *tresh*
4 quatro *kwatroo*

5 cinco *seeng-koo*
6 seis *saysh*
7 sete *set*
8 oito *oytoo*
9 nove *nov*

10 dez *desh*
11 onze *onz*
12 doze *doze*
13 treze *trez*
14 catorze *katorz*
15 quinze *keenz*
16 dezasseis *dezassaysh*
17 dezassete *dezaset*
18 dezoito *dezoytoo*
19 dezanove *dezanov*
20 vinte *veent*
21 vinte e um *veent ee oom*
22 vinte e dois *veent ee doysh*
30 trinta *treentuh*
31 trinta e um *treent ee oom*
32 trinta e dois *treent ee doysh*
40 quarenta *kwarentuh*
50 cinquenta *seeng-kwentuh*
60 sessenta *sessentuh*
70 setenta *setentuh*
80 oitenta *oytentuh*
90 noventa *nooventuh*
100 cem *sayng*
110 cento e dez *sentoo ee desh*
200 duzentos *doozentoosh*
1000 mil *meel*
1,000,000 um milhão *oom meel-yowng*

13

TIME

today	hoje	*oje*
yesterday	ontem	*ontayng*
tomorrow	amanhã	*amanyang*
the day before yesterday	anteontem	*antee-ontayng*
the day after tomorrow	depois de amanhã	*depoysh damanyang*
this week	esta semana	*eshtuh semah-nuh*
last week	a semana passada	*uh semah-nuh passah-duh*
next week	a semana que vem	*uh semah-nuh kuh vayng*
this morning	esta manhã	*eshtuh manyang*
this afternoon	esta tarde	*eshtuh tard*
this evening	esta tarde/noite	*eshtuh tard/noyt*
tonight	esta noite	*eshtuh noyt*
yesterday afternoon	ontem à tarde	*ontayng ah tard*
last night	ontem à noite	*ontayng ah noyt*
tomorrow morning	amanhã de manhã	*amanyang duh manyang*
tomorrow night	amanhã à noite	*amanyang ah noyt*
in three days	dentro de três dias	*dentroo duh tresh dee-ush*
three days ago	há três dias	*ah tresh dee-ush*
late	tarde	*tard*
early	cedo	*seh-doo*
soon	em breve	*ayng brev*
later on	mais tarde	*mysh tard*
at the moment	neste momento	*nesht moomentoo*
second	segundo	*segoondoo*
minute	minuto	*meenootoo*
ten minutes	dez minutos	*desh meenootoosh*
quarter of an hour	um quarto de hora	*oom kwartoo doruh*

half an hour	meia hora	*mayyuh oruh*
three quarters of an hour	três quartos de hora	*tresh kwartoosh doruh*
hour	a hora	*oruh*
day	o dia	*dee-uh*
week	a semana	*semah-nuh*
fortnight, 2 weeks	a quinzena	*keenzaynuh*
month	o mês	*mesh*
year	o ano	*ah-noo*

TELLING THE TIME

In Portuguese you always put the hour first when talking about minutes past the hour; use the word *e* for 'past' (e.g. 3.20 = três e vinte or 'three and twenty'). For minutes to the hour the minutes come first; use the word *para* for 'to' (e.g. 6.40 = vinte para as sete or 'twenty to seven').

The 24-hour clock is used officially in timetables and enquiry offices.

one o'clock	uma hora	*oomuh oruh*
ten past one	uma e dez	*oomuh ee desh*
quarter past one	uma e um quarto	*oomuh ee oom kwartoo*
twenty past one	uma e vinte	*oomuh ee veent*
half past one	uma e meia	*oomuh ee mayyuh*
twenty to two	vinte para as duas	*veent prash doo-ush*
quarter to two	um quarto para as duas	*oom kwartoo prash doo-ush*
ten to two	dez para as duas	*desh prash doo-ush*
two o'clock	duas horas	*doo-uz orush*
13.00 (1 pm)	treze horas	*trezee orush*
16.30 (4.30 pm)	dezasseis e trinta	*dezassayz ee treentuh*
20.10 (8.10 pm)	vinte e dez	*veent e desh*

at half past five	às cinco e meia	*ash seeng-koo ee mayyuh*
at seven o'clock	às sete horas	*ash set orush*
noon	meio-dia	*mayyoo-dee-uh*
midnight	meia-noite	*mayyuh-noyt*

HOTELS

Portuguese hotels are classified 1-star to 5-star, in addition to which there are the following types of accommodation:

Estalagem Luxury inn.

Pousada State-run inn, in a scenically beautiful area, and often a building of historic interest.

Residência Boarding house.

Pensão Reasonably priced accommodation, usually a small family-run concern.

USEFUL WORDS AND PHRASES

balcony	a varanda	*varanduh*
bathroom	a casa de banho	*kah-zuh duh bahn-yoo*
bed	a cama	*kah-muh*
bedroom	o quarto	*kwartoo*
bill	a conta	*kontuh*
breakfast	o pequeno almoço	*pekeh-noo almoh-soo*
dining room	a casa de jantar	*kah-zuh duh jantahr*
dinner	o jantar	*jantahr*
double room	o quarto de casal	*kwartoo duh kazal*
foyer	o foyer	*fwy-ay*
full board	pensão completa	*payng-sowng komplettuh*
half board	meia-pensão	*mayyuh payng-sowng*
hotel	o hotel	*oh-tell*
key	a chave	*shahv*
lift, elevator	o ascensor	*ash-sayng-sor*
lounge	a sala	*sah-luh*
lunch	o almoço	*almoh-soo*
manager	o gerente	*jerrent*
reception	a recepção	*russepsowng*
receptionist	o recepcionista	*russepss-yooneeshtuh*

17

restaurant	o restaurante	*rushtoh-rant*
room	o quarto	*kwartoo*
room service	o serviço de quartos	*sur-veesoo duh kwartoosh*
shower	o duche	*doosh*
single room	o quarto individual	*kwartoo eendeeveedwal*
toilet	a casa de banho	*kah-zuh duh bahn-yoo*
twin room	o quarto com duas camas	*kwartoo kong doo-ush kah-mush*

Have you any vacancies?
Têm vagas?
tay-ayng vah-gush

I have a reservation
Eu fiz uma reserva
eh-oo feez oomuh rezairvuh

I'd like a single/double room
Queria um quarto individual/de casal
kree-uh oom kwartoo eendeeveedwal/duh kazal

I'd like a twin room
Queria um quarto com duas camas
kree-uh oom kwartoo kong doo-ush kah-mush

I'd like a room with a bathroom/balcony
Queria um quarto com casa de banho/com varanda
kree-uh oom kwartoo kong kah-zuh duh bahnyoo/kong varanduh

I'd like a room for one night/three nights
Queria um quarto só por uma noite/por três noites
kree-uh oom kwartoo soh poor oomuh noyt/poor tresh noytsh

What is the charge per night?
Qual é o preço por noite?
kwal eh oo preh-soo poor noyt

REPLIES YOU MAY BE GIVEN

Tenho muita pena, mas estamos cheios
I'm sorry, we're full

Não temos quartos individuais
There are no single rooms left

Não há vagas
No vacancies

É favor pagar adiantado
Please pay in advance

I don't know yet how long I'll stay
Ainda não sei quanto tempo vou ficar
ah-eenduh nowng say kwantoo tempoo voh feekahr

When is breakfast/dinner?
A que horas é o pequeno almoço/o jantar?
uh kee orush eh oo pekeh-noo almoh-soo/oo jantahr

Would you have my luggage brought up, please?
Pode-me levar a bagagem, por favor?
pod-muh luhvahr uh bagah-jayng, poor fuh-vor

Please call me at ... o'clock
Chame-me, por favor, às ... horas
shamuh-muh, poor fuh-vor, ash ... orush

Can I have breakfast in my room?
Posso tomar o pequeno almoço no quarto?
possoo toomahr oo pekeh-noo almoh-soo noo kwartoo

I'll be back at ... o'clock
Volto às ... horas
voltoo ash ... orush

My room number is...
O número do meu quarto é o...
oo noomeh-roo doo meh-oo kwartoo eh oo

I'm leaving tomorrow
Vou-me embora amanhã
voh-muh emboruh amanyang

Can I have the bill please?
Pode-me dar a conta, por favor?
pod-muh dar uh kontuh, poor fuh-vor

Can you get me a taxi?
Pode-me chamar um taxi?
pod-muh shamahr oom taksee

Can you recommend another hotel?
Pode-me recomendar outro hotel?
pod-muh rekoomendahr oh-troo oh-tell

THINGS YOU'LL SEE OR HEAR

água fria	cold water
água quente	hot water
almoço	lunch
ascensor	lift, elevator
banheira	bath
casa de banho	bathroom
conta	bill
dormida e pequeno almoço	bed and breakfast
duche	shower
elevador	lift, elevator
jantar	dinner
meia-pensão	half-board
pensão completa	full board
pequeno almoço	breakfast
quarto com duas camas	twin room
quarto de casal	double room
quarto individual	single room
recepção	reception
rés-do-chão	ground floor
reserva	reservation
restaurante	restaurant
saída de emergência	emergency exit
telefone	telephone
wáter	toilet
telefonista	switchboard operator

CAMPING AND CARAVANNING

Portugal has campsites all along its coastline and especially near the most popular resorts. Sites can also be found inland. It is advisable to have an International Campers' Card, as many sites require one to be shown, especially in the high season.

Youth hostels are open to members of the YHA, but in the high season it is best to book in advance, as stays are limited.

USEFUL WORDS AND PHRASES

bucket	o balde	*balduh*
campsite	o parque de campismo	*p̄ark duh kampeej-moo*
campfire	a fogueira	*foogay-ruh*
to go camping	ir acampar	*eer akampahr*
caravan	a roulotte	*roolot*
caravan site	o parque de campismo	*p̄ark duh kampeej-moo*
cooking utensils	os utensílios de cozinha	*ootenseel-yoosh duh koozeenyuh*
drinking water	a água potável	*ahg-wuh pootah-vell*
ground sheet	a lona impermeável	*l̄onnuh eempermee-ah-vell*
to hitch-hike	pedir boleia	*ped̄eer boolayyuh*
rope	a corda	*kord̄uh*
rubbish	o lixo	*leeshoo*
rucksack	a mochila	*moosheeluh*
saucepans	as frigideiras	*freejeed̄ay-rush*
sleeping bag	a saco de dormir	*sah-koo duh doormeer*
tent	a tenda	*t̄enduh*
trailer (R.V.)	a roulotte	*r̄oolot*
youth hostel	o albergue da juventude	*alba̅irg duh jooventood̄*

22

Can I camp here?
Posso acampar aqui?
possoo akampahr akee

Can we park the caravan here?
Podemos estacionar a roulotte aqui?
poodeh-moosh shtass-yoonahr uh roolot akee

Where is the nearest campsite/caravan site?
Onde fica o parque de campismo mais próximo?
onduh feekuh oo park duh kampeej-moo mysh prossimoo

What is the charge per night?
Qual é o preço por noite?
kwal eh oo preh-soo poor noyt

Can I light a fire here?
Posso acender aqui uma fogueira?
possoo assendair akee oomuh foogay-ruh

Where can I get...?
Onde posso arranjar...?
onduh possoo arranjahr

Is there drinking water here?
Há aqui água potável?
ah akee ahg-wuh pootah-vell

THINGS YOU'LL SEE OR HEAR

acampar	to camp
água potável	drinking water
albergue juvenil	youth hostel
cartão	pass, identity card
casa de banho	toilet
cobertor	blanket
cozinha	kitchen
duche	shower
emprestar	lend
fogueira	fire
luz	light
manta	blanket
parque de campismo	campsite
pedir emprestado	borrow
proibido acampar	no camping
proibido fazer lume	do not light fires
reboque	trailer
roulotte	caravan
saco de dormir	sleeping bag
tarifa	charges
tenda	tent
uso	use

MOTORING

More motorways are being built in Portugal every year, but it should be noted that they all carry a toll. Substantial stretches already exist heading northwards and southwards from Lisbon. If not using a motorway it is advisable to use an EN (Estrada Nacional) as the secondary roads can be in poor repair.

The rule of the road is: Drive on the right, overtake on the left. There are no priority signs such as in France, since all secondary roads give way to major routes at junctions and crossroads. In the case of roads having equal status, or at unmarked junctions, traffic coming from the RIGHT has priority.

The speed limit on motorways is 120 km/h (75 mph), and on other highways 90 km/h (56 mph), otherwise keep to the speed shown. In built-up areas the limit is 60 km/h (37 mph). Equipment to be carried at all times includes a spare tyre and a red triangle in case of breakdown or accidents. Seat belts are compulsory outside built-up areas. It is also compulsory to carry your driving licence and passport. The latter *must* be carried at all times.

Petrol stations on the highways are usually open 24 hours a day, but elsewhere they close late at night. Fuel ratings are as follows: ** = normal; *** = super; diesel fuel = gasóleo.

SOME COMMON ROAD SIGNS

aeroporto	airport
alfândega	customs
apagar os máximos	headlights off
atenção ao comboio	beware of the trains
bomba de gasolina	filling station

→

bus lane	bus lane
centro da cidade	town centre
circule pela direita/esquerda	keep right/left
cruzamento	crossroads
cruzamento perigoso	dangerous junction
dar prioridade	give way
desvio	diversion
escola	school
estação de serviço	service station
estacionamento proibido	no parking
fim de autoestrada	end of motorway
garagem	garage
luzes de trânsito	traffic lights
norte	north
obras	roadworks
pare, olhe e escute	stop, look and listen
parque de estacionamento	car park
passagem de nível	level crossing
passagem subterrânea	pedestrian underpass
peões	pedestrians
perigo	danger
portagem	toll
proibida a inversão de marcha	no U-turns
proibido ultrapassar	no overtaking
rua sem saída	cul-de-sac, dead end
semáforos	traffic lights
sentido proibido	no entry
sentido único	one-way street
vedado ao trânsito	road closed
veículos pesados	heavy vehicles
velocidade limitada	speed limit
zona azul	restricted parking zone

USEFUL WORDS AND PHRASES

boot	o porta-bagagens	*portuh-bagah-jayngsh*
brake	o travão	*travowng*
breakdown	a avaria	*avaree-uh*
car	o carro	*karroo*
caravan	a roulotte	*roolot*
crossroads	o cruzamento	*kroozamentoo*
to drive	conduzir	*kondoozeer*
engine	o motor	*mootor*
exhaust	o tubo de escape	*tooboo dushkap*
fanbelt	a correia da ventoínha	*kooreyyuh da ventoo-eenyuh*
garage		
(for repairs)	a oficina	*oh-feesseenuh*
(for petrol)	a bomba de gasolina	*bombuh duh gazooleenuh*
gasoline	a gasolina	*gazooleenuh*
gear	a mudança	*moodansuh*
gears	as mudanças	*moodansush*
junction (on motorway)	o ramal de autoestrada	*ramal duh owtoo-shtrah-duh*
licence	a carta de condução	*kartuh duh kondoosowng*
lights *(head)*	os faróis máximos	*faroysh masseemoosh*
(rear)	as luzes de trás	*loozush duh trash*
lorry	o camião	*kam-yowng*
mirror	o espelho retrovisor	*shpell-yoo retroo-veezor*
motorbike	a motocicleta	*motoo-see-klettuh*
motorway	a autoestrada	*owtoo-shtrah-duh*
number plate	a matrícula	*matree-kooluh*
petrol	a gasolina	*gazooleenuh*
road	a estrada	*shtrah-duh*
to skid	patinar	*patee-nahr*
spares	as peças sobresselentes	*pessush sobruh-selentsh*
speed	a velocidade	*veloossee-dahd*

speed limit	o limite de velocidade	*leemeet duh veloossee-dahd*
speedometer	o contaquilómetros	*kontuh-keelommetroosh*
steering wheel	o volante	*voolant*
to tow	rebocar	*rebookahr*
traffic lights	os semáforos	*semaffooroosh*
trailer (R.V.)	o reboque	*rebok*
truck	o camião	*kam-yowng*
trunk	o porta-bagagens	*portuh-bagah-jayngsh*
tyre, tire	o pneu	*pneh-oo*
van	a furgoneta	*foorgoonettuh*
wheel	a roda	*rodduh*
windscreen/ shield	o pára-brisas	*para-bree-zush*

I'd like some fuel/oil/water
Queria gasolina/óleo/água
kree-uh gazooleenuh/oll-yoo/ahg-wuh

Fill her up please!
Encha o depósito, por favor
enshuh oo depozzitoo, poor fuh-vor

I'd like 10 litres of fuel
Queria dez litros de gasolina, por favor
kree-uh desh leetroosh duh gazooleenuh, poor fuh-vor

Would you check the tyres please?
Podia verificar os pneus, por favor?
poodee-uh vereefeekar oosh pneh-oosh, poor fuh-vor

Where is the nearest garage?
Onde é a garagem mais próxima?
ondee eh uh garah-jayng mysh prosseemuh

How do I get to...?
Como é que se vai para...?
koh-moo eh kuh suh vye p<u>a</u>ruh

Is this the road to...?
É este o caminho para...?
eh esht oo kam<u>ee</u>n-yoo p<u>a</u>ruh

DIRECTIONS YOU MAY BE GIVEN

à direita	on the right
à esquerda	on the left
à esquina	at the corner
a primeira à direita	first on the right
a segunda à esquerda	second on the left
dê a volta a...	go round the...
depois do/da...	after the...
em frente	straight on
vire à direita	turn right
vire à esquerda	turn left

Do you do repairs?
Fazem reparações?
f<u>a</u>h-zayng reparruh-soyngsh

Can you repair the clutch?
Pode-me arranjar a embraiagem?
pod-muh arranj<u>a</u>hr uh embrye-ah-jayng

How long will it take?
Quanto tempo vai demorar?
kw<u>a</u>ntoo t<u>e</u>mpoo vye dem<u>oo</u>r<u>a</u>hr

29

There is something wrong with the engine
O motor não está bom
oo mootor nowng shtah bong

The engine is overheating
O motor está a aquecer demais
oo mootor shtah akussair duh-mysh

The brakes are binding
Os travões estão a gripar
oosh travoyngsh shtowng uh greepahr

I need a new tyre
Preciso de um pneu novo
prusseezoo doom pneh-oo noh-voo

I'd like to hire a car
Queria alugar um carro
kree-uh aloogahr oom karroo

Where can I park?
Onde posso estacionar?
onduh possoo shtass-yoonahr

Can I park here?
Posso estacionar aqui?
possoo shtass-yoonahr akee

THINGS YOU'LL SEE OR HEAR

acidente	accident
batechapas	bodywork repairs
bicha	queue
engarrafamento	traffic jam
furo	puncture
gasóleo	diesel
gasolina	petrol, gasoline
gasolina normal	2 star
gasolina super	3 star
nível do óleo	oil level
óleo	oil
pressão dos pneus	tyre pressure
saída	exit

RAIL TRAVEL

Portuguese trains are quite fast, and fares are relatively low when compared with the rest of Europe. There are first and second class facilities, and you are well advised to book in advance because of the high demand. On some routes CP (abbreviation for the national railway company) will offer car transportation. The main types of train are:

TER:	Lisbon to Madrid express. You'll have to pay a supplementary fare on this fast, comfortable and air-conditioned diesel train.
Lusitânia-Express:	Lisbon to Madrid luxury express.
Sud-Express:	Lisbon to Paris express in 24 hours.
Rápido:	Direct train.
Automotora:	Small and fast diesel train on local routes.
Correio:	Twice-daily mail train on long distance routes which also takes passengers.
Foguete:	Express train from Lisbon to Oporto.

USEFUL WORDS AND PHRASES

booking office	a bilheteira	_beel-yuh-tay-ruh_
buffet	a pastelaria	_pashtulluh-ree-uh_
carriage, car	a carruagem	_karwah-jayng_
compartment	o compartimento	_kompartee-mentoo_
connection	a ligação	_leegassowng_
currency exchange	o câmbio	_kamb-yoo_
dining car	a carruagem restaurante	_karwah-jayng rushtoh-rant_

emergency cord	o alarme	*alarm*
engine	a locomotiva	*lookoomooteevuh*
entrance	a entrada	*entrah-duh*
exit	a saída	*sah-ee-duh*
first class	primeira classe	*preemay-ruh klass*
to get in	entrar	*entrahr*
to get out	sair	*sah-eer*
guard	o guarda	*gwar-duh*
left luggage	o depósito de bagagens	*depozzitoo duh bagah-jayngsh*
lost property	perdidos e achados	*perdeedooz ee ashah-doosh*
luggage trolley	o carrinho das bagagens	*kareen-yoo dush bagah-jayngsh*
luggage van	a furgoneta de bagagens	*foorgoonettuh duh bagah-jayngsh*
platform	a plataforma	*plataformuh*
rail	o carril	*kareel*
railway	o caminho de ferro	*kameenyoo duh ferroo*
reserved seat	o lugar reservado	*loogar rezairvah-doo*
restaurant car	a carruagem restaurante	*karwah-jayng rushtoh-rant*
return ticket	o bilhete de ida e volta	*beel-yet duh eeduh ee voltuh*
seat	o lugar	*loogar*
second class	segunda classe	*segoonduh klass*
single ticket	o bilhete simples	*beel-yet seemplush*
sleeping car	a carruagem cama	*karwah-jayng kah-muh*
station	a estação	*shtassowng*
station master	o chefe da estação	*sheff dushtassowng*
ticket	o bilhete	*beel-yet*
ticket collector	o revisor	*ruvvee-zor*
timetable	o horário	*oh-rar-yoo*
tracks	as linhas férreas	*leen-yush ferr-yush*
train	o comboio	*komboyoo*
waiting room	a sala de espera	*sah-luh duh shpairuh*
window	a janela	*janelluh*

33

When does the train for ... leave?
A que horas parte o comboio para...?
ah kee orush part oo komboyoo paruh

When does the train from ... arrive?
A que horas chega o comboio de...?
ah kee orush shegguh oo komboyoo duh

When is the next train to...?
A que horas parte o próximo comboio para...?
ah kee orush part oo prosseemoo komboyoo paruh

When is the first/last train to...?
A que horas parte o primeiro/último comboio para...?
ah kee orush part oo preemay-roo/oolteemoo komboyoo paruh

What is the fare to...?
Qual é o preço para...?
kwal eh oo preh-soo paruh

Do I have to change?
Tenho de mudar?
ten-yoo duh moodahr

Does the train stop at...?
O comboio pára em...?
oo komboyoo pah-ruh ayng

How long does it take to get to...?
Quanto tempo demora a chegar a...?
kwantoo tempoo demoruh uh shuggar uh

A (single) ticket to...
Um bilhete para...
oom beel-yet paruh

A return ticket to...
Um bilhete de ida e volta para...
oom beel-yet duh eeduh ee voltuh paruh

Do I have to pay a supplement?
Tenho que pagar suplemento?
ten-yoo kuh pagahr sooplementoo

I'd like to reserve a seat
Queria reservar um lugar
kree-uh rezairvahr oom loogar

Could I have a window seat?
Há um lugar à janela?
ah oom loogar ah janelluh

Is this the right train for...?
É este o comboio para...?
eh esht oo komboyoo paruh

Is this the right platform for the ... train?
O comboio para ... sai desta plataforma?
oo komboyoo paruh ... sye deshtuh plataformuh

Which platform for the ... train?
De que plataforma sai o comboio para...?
duh kuh plataformuh sye oo komboyoo paruh

Is the train late?
O comboio está atrasado?
oo komboyoo shtah atrazah-doo

Could you help me with my luggage please?
Pode-me ajudar com a minha bagagem, por favor?
pod-muh ajoodahr kong uh meen-yuh bagah-jayng, poor fuh-vor

Is this a non-smoking compartment?
Este é um compartimento para não fumadores?
esht eh oom komparteementoo paruh nowng foomadorush

Is this seat free?
Este lugar está livre?
esht loogar shtah leevruh

This seat is taken
Este lugar está ocupado
esht loogar shtah oh-koopah-doo

I have reserved this seat
Este lugar está reservado
esht loogar shtah rezairvah-doo

May I open/close the window?
Posso abrir/fechar a janela?
possoo abreer/fushar uh janelluh

When do we arrive in...?
A que horas chegamos a...?
uh kee orush shugah-mooz uh

What station is this?
Que estação é esta?
kuh shtassowng eh eshtuh

How long do we stop here?
Por quanto tempo paramos aqui?
poor kwantoo tempoo parah-mooz ah-kee

Do we stop at...?
Paramos em...?
parah-mooz ayng

Would you keep an eye on my things for a moment?
Pode guardar a minha bagagem por uns instantes?
pod gwardahr uh meen-yuh bagah-jayng poor oonz eenshtantsh

Is there a restaurant car on this train?
Este comboio tem carruagem restaurante?
esht komboyoo tayng karwah-jayng rushtoh-rant

THINGS YOU'LL SEE OR HEAR

atenção	attention
atrasado	delayed
bagagem	luggage
bilhete de gare	platform ticket
bilheteira	ticket office
cais	platform
câmbios	currency exchange
chefe da estação	station master
chegadas	arrivals
CP	Portuguese national railways
depósito de bagagens	left luggage
dias de semana	weekdays
dias verdes	cheap travel days
domingos e feriados	Sundays and public holidays
entrada	entrance
excepto aos domingos	Sundays excepted
fumadores	smokers
horário	timetable
informações	information
malas	suitcases
multa por uso indevido	penalty for misuse
ocupado	engaged
partidas	departures
passageiro	passenger
plataforma	platform

→

37

proibida a entrada	no entry
proibido fumar	no smoking
quiosque	newspaper kiosk
reserva de lugares	seat reservation
revisor	ticket collector
saída	exit
sala de espera	waiting room
sinal de alarme	emergency alarm
suplemento	supplement
vagão	carriage, car

AIR TRAVEL

Major international airlines provide services to Portugal, and you can fly direct to important centres such as Oporto, Faro, and Funchal in the Madeiras, as well as to Lisbon. It is on the domestic flights, and at terminals, that you might need to know some Portuguese.

USEFUL WORDS AND PHRASES

aircraft	o avião	*av-yowng*
air hostess	a hospedeira	*oshpeday-ruh*
airline	a companhia aérea	*kompan-yee-uh ah-air-yuh*
airport	o aeroporto	*ah-airoo-portoo*
airport bus	o autocarro do aeroporto	*owtoo-karroo doo ah-airoo-portoo*
aisle	a coxia	*kooshee-uh*
arrival	a chegada	*shuh-gah-duh*
baggage claim	a reclamação de bagagens	*reklamassowng duh bagah-jayngsh*
boarding card	o cartão de embarque	*kartowng daym-bark*
check-in	o check-in	*check-in*
check-in desk	o balcão de check-in	*balkowng duh check-in*
delay	o atraso	*atrah-zoo*
departure	a saída	*sah-eeduh*
departure lounge	a sala de embarque	*sah-luh daym-bark*
emergency exit	a saída de emergência	*sah-eeduh duh eemer-jenss-yuh*
flight	o voo	*voh-oo*
flight number	o número de voo	*noomeroo duh voh-oo*
gate	o portão de embarque	*poortowng daym-bark*
jet	o avião a jacto	*av-yowng uh jattoo*
land	aterrar	*aterrar*
passport	o passaporte	*passuh-port*

passport control	o control de passaportes	*kontrol duh passuh-portsh*
pilot	o piloto	*peeloh-too*
runway	a pista	*peesh-tuh*
seat	o lugar	*loogar*
seat belt	o cinto de segurança	*seentoo duh segooransuh*
steward	o comissário de bordo	*koomeesar-yoo duh bordoo*
stewardess	a hospedeira	*oshpeday-ruh*
take off	descolar	*dushkoolar*
window	a janela	*janelluh*
wing	a asa	*ah-zuh*

When is there a flight to...?
Quando é que há um voo para...?
kwandoo eh kee ah oom voh-oo paruh

What time does the flight to ... leave?
A que horas parte o voo para...?
uh kee orush part oo voh-oo paruh

Is it a direct flight?
É um voo directo?
eh oom voh-oo deerettoo

Do I have to change planes?
Tenho que fazer transbordo?
ten-yoo kuh fazair tranj-bordoo

When do I have to check in?
A que horas tenho que fazer o check-in?
uh kee orush ten-yoo kuh fazair oo check-in

I'd like a single/return ticket to...
Queria um bilhete simples/um bilhete de ida e volta para...
kree-uh oom beel-yet seemplush/oom beel-yet duh eeduh ee volta paruh

I'd like a non-smoking seat please
Queria um lugar na secção de não fumadores, por favor
kree-uh oom loogar nuh sekssowng duh nowng-foomadorush, poor fuh-vor

I'd like a window seat please
Queria um lugar à janela, por favor
kree-uh oom loogar ah janelluh, poor fuh-vor

How long will the flight be delayed?
Quanto tempo é que o voo está atrasado?
kwantoo tempoo eh kee oo voh-oo shtah atrazah-doo

Is this the right gate for the ... flight?
É este o portão de embarque para o voo de...?
eh esht oo poortowng daym-bark paruh oo voh-oo duh

When do we arrive in...?
A que horas chegamos a...?
uh kee orush shugah-mooz uh

May I smoke now?
Posso fumar agora?
possoo foomahr agoruh

I do not feel very well
Não me sinto muito bem
nowng muh seentoo mweentoo bayng

THINGS YOU'LL SEE OR HEAR

alfândega	customs
apertar os cintos de segurança	fasten seat belts
asa	wing
aterragem	landing
aterragem de emergência	emergency landing
avião	aircraft
comandante	captain
comissário de bordo	steward
control de passaportes	passport control
coxia	aisle
descolagem	take-off
escala	intermediate stop
hora local	local time
hospedeira	stewardess
informações	information
janela	window
não fumadores	non-smokers
não fumar	no smoking
passageiros	passengers
pista	runway
portão de embarque	gate
saída de emergência	emergency exit
tripulação	crew
velocidade	speed
voo directo	direct flight
voo fretado	charter flight
voo regular	scheduled flight

BUS, METRO & BOAT TRAVEL

The major Portuguese cities have a good bus network. Most buses are one-man operated and you pay the driver as you enter. Since there is generally a flat fare, it is cheaper to buy a book of tickets called a *caderneta*. There are also other types of runabout ticket (*passe*).

There is an excellent coach network covering the whole of Portugal, giving a better connecting service between cities and covering the gaps in the railway system. The coaches are comfortable, fast and have facilities such as video and air-conditioning (essential in a hot climate).

Lisbon has an underground system (*metro*). Again a flat fare is in operation and you can buy a *caderneta* (book of 10 tickets) or a 7 day ticket (*passe*) giving unlimited travel.

Lisbon also has a tram network covering most of the city. The same *caderneta* which is used on the buses is also valid for use on the trams. Boats connect both sides of the Tagus river, carrying cars and pedestrians. Another feature of Lisbon are the *elevadores* (lifts) that will take you up the steep hills.

USEFUL WORDS AND PHRASES

adult	o adulto	*adooltoo*
boat	o barco	*barkoo*
bus	o autocarro	*owtoo-karroo*
bus stop	a paragem do autocarro	*parrah-jayng doo owtoo-karroo*
child	a criança	*kree-ansuh*
coach	o autocarro	*owtoo-karroo*
conductor	o cobrador	*kobruh-dor*
connection	a ligação	*leegassowng*
cruise	o cruzeiro	*kroozay-roo*
driver	o condutor	*kondootor*
fare	o bilhete	*beel-yet*
ferry	o ferry-boat	*ferry-boat*

lake	o lago	*lah-goo*
network map	o mapa	*mah-puh*
number 5 bus	o autocarro número cinco	*owtoo-karroo noomeroo seeng-koo*
passenger	o passageiro	*passajay-roo*
port	o porto	*portoo*
quay	o cais	*kysh*
river	o rio	*ree-oo*
sea	o mar	*mar*
seat	o lugar	*loogar*
ship	o barco	*barkoo*
station	a estação	*shtassowng*
terminus	o terminal	*termee-nal*
ticket	o bilhete	*beel-yet*
underground, subway	o metro	*metroo*

Where is the nearest underground (subway) station?
Onde é a estação de metro mais próxima?
ondee eh uh shtassowng duh metroo mysh prosseemuh

Where is the bus station?
Onde é a estação dos autocarros?
ondee eh uh shtassowng dooz owtoo-karroosh

Where is there a bus stop?
Onde é que há uma paragem de autocarro?
ondee eh kee ah oomuh parah-jayng dowtoo-karroo

Which buses go to...?
Que autocarros vão para...?
kee owtoo-karroosh vowng paruh

How often do the buses to ... run?
De quanto em quanto tempo é que há autocarros para...?
duh kwantoo ayng kwantoo tempoo eh kee ah owtoo-karroosh paruh

Would you tell me when we get to...?
Avisa-me quando chegarmos a...?
aveezuh-muh kwandoo shugarmooz uh

Do I have to get off yet?
Tenho que sair já?
tenyoo kuh sah-eer jah

How do you get to...?
Como é que se vai para...?
koh-moo eh kuh suh vye paruh

Is it very far?
É muito longe?
eh mweentoo lonj

I want to go to...
Quero ir para...
kairoo eer paruh

Do you go near...?
Passa perto de...?
passuh pairtoo duh

Where can I buy a ticket?
Onde posso comprar um bilhete?
onduh possoo komprar oom beel-yet

Please close/open the window
Não se importa de fechar/abrir a janela, por favor
nowng seemportuh duh fushar/abreer uh janelluh, poor fuh-vor

Could you help me get a ticket?
Pode-me ajudar a comprar um bilhete?
pod-muh ajoodar uh komprar oom beel-yet

45

When does the last bus leave?
A que horas parte o último autocarro?
uh kee orush part oo oolteemoo owtoo-karroo

THINGS YOU'LL SEE OR HEAR

adultos	adults
bilhete	ticket
caderneta	book of tickets
cheio	full
condutor	driver
crianças	children
descer	to get off
entrada	entrance
lugar	seat
lugar reservado	reserved seat
módulo	ticket
mostrar	to show
mudar	to change
obliterador	ticket-stamping machine
pagar	to pay
paragem	stop
passe	pass
picar o bilhete	stamp/punch your ticket
proibido fumar	no smoking
quebrar em caso de emergência	break in case of emergency
revisor	ticket inspector
saída	exit
saída de emergência	emergency exit
troco	change

RESTAURANT

You can eat in a variety of places:

Restaurante: Restaurant.

Café-bar: This is a general café selling all kinds of food and drinks. Well worth trying if you just want a quick snack. Full meals are often available.

Snack-bar: A combined café, bar and restaurant. Don't confuse it with the English idea of a snack-bar!
Service is provided at the counter or, for a little extra, at a table. There is usually a good variety of set menus at reasonable prices (look for "pratos combinados").

Confeitaria/ Pastelaria: Cake shop that also serves tea, coffee, beer, sandwiches and small snacks.

Churrascaria: Restaurant which specializes in barbecued dishes.

Esplanada: Pavement café.

USEFUL WORDS AND PHRASES

beer	a cerveja	*serveh-juh*
bill	a conta	*kontuh*
bottle	a garrafa	*garrah-fuh*
bowl	a tigela	*teejelluh*
cake	o bolo	*boh-loo*
chef	o cozinheiro	*koozeen-yay-roo*
coffee	o café	*kuffeh*
cup	a chávena	*shavvenuh*
fork	o garfo	*garfoo*

glass	o copo	*koppoo*
knife	a faca	*fah-kuh*
menu	a ementa	*eementuh*
milk	o leite	*layt*
plate	o prato	*prah-too*
receipt	o recibo	*russeeboo*
sandwich	a sandes	*sandj*
serviette	o guardanapo	*gwarduh-napoo*
snack	a refeição ligeira	*refay-sowng leejayruh*
soup	a sopa	*soppuh*
spoon	a colher	*kool-yair*
sugar	o açúcar	*assookar*
table	a mesa	*mezzuh*
tea	o chá	*sha*
teaspoon	a colher de chá	*koolyair duh sha*
tip	a gorgeta	*goorjettuh*
waiter	o empregado de mesa	*empregah-doo duh mezzuh*
waitress	a empregada de mesa	*empregah-duh duh mezzuh*
water	a água	*ahg-wuh*
wine	o vinho	*veenyoo*
wine list	a lista dos vinhos	*leeshtuh doosh veenyoosh*

A table for one, please
Uma mesa para uma pessoa, por favor
oomuh mezzuh paruh oomuh pessoh-uh, poor fuh-vor

A table for two/three, please
Uma mesa para duas/três pessoas, por favor
oomuh mezzuh paruh doo-ush/tresh pessoh-ush, poor fuh-vor

Can we see the menu, please?
Pode trazer a ementa, por favor?
pod trazair uh eementuh, poor fuh-vor

Can we see the wine list, please?
Pode trazer a lista dos vinhos, por favor?
pod trazair uh leeshtuh doosh veenyoosh, poor fuh-vor

What would you recommend?
O que é que nos aconselha?
oo kee eh kuh nooz akonsell-yuh

I'd like...
Queria...
kree-uh

Just a cup of coffee, please
Só um café, por favor
soh oom kuffeh, poor fuh-vor

Waiter!
Se faz favor!
suh fash fuh-vor

Can we have the bill please?
Pode trazer a conta, por favor?
pod trazair uh kontuh, poor fuh-vor

I only want a snack
Só quero uma refeição ligeira
soh kairoo oomuh ruffay-sowng leejay-ruh

Is there a set menu?
Têm pratos do dia?
tay-ayng prah-toosh doo dee-uh

I didn't order this
Eu não pedi isto
eh-oo nowng pedee eeshtoo

May we have some more...?
Pode trazer mais...?
pod trazair mysh

The meal was very good, thank you
A comida estava óptima, obrigado
uh koomeeduh shtah-vuh ottimmuh, obgrigah-doo

My compliments to the chef!
Parabéns ao chefe!
parabaynz ow shef

MENU GUIDE

à moda de...	in the ... fashion
açorda de alho	thick bread soup with garlic
açorda de marisco	thick bread soup with shellfish
açúcar	sugar
aguardentes bagaceiras	grape brandies
aguardentes velhas e preparadas	old brandies
aipo	celery
alcachofras	artichokes
alface	lettuce
alho	garlic
alho francês	leek
almôndegas	meat balls
alperches	apricots
amêijoas	clams
amêijoas à Bulhão Pato	clams with coriander, onion and garlic
amêijoas na cataplana	clams in a sweet tomato sauce
ameixas	plums
ameixas de Elvas	dried plums from Elvas
amêndoa amarga	bitter almond (drink)
amêndoas	almonds
ananás	pineapple
anchovas	anchovies
anho à moda do Minho	lamb in the Minho style (marinated)
anonas	custard apples (tropical fruit)
... ao natural	plain...
aperitivo	aperitif
arroz árabe	fried rice with dried nuts and fruit
arroz à valenciana	rice with chicken, pork and sea food
arroz branco	plain rice
arroz de cabidela	rice with bird's blood
arroz de frango	chicken with rice
arroz de marisco	rice with shellfish
arroz de pato	duck with rice
arroz doce	sweet rice desert
atum	tuna

avelãs	hazelnuts
azeitonas	olives
bacalhau assado	grilled cod
bacalhau à Brás	cod with egg and potatoes
bacalhau à Gomes de Sá	fried cod with onions, boiled potatoes and eggs
bacalhau à Zé do Pipo	cod in an egg sauce
bacalhau com natas	cod with cream
bacalhau dourado	cod baked in the oven
bacalhau nas brasas	barbecued cod
banana flambée	banana flambé
batata assada	baked potato
batata murro	small baked potato
batata palha	thinly cut chips
batatas	potatoes
batatas cozidas	boiled potatoes
batatas fritas	French fries
batatas salteadas	boiled potatoes in butter sauce
batido de chocolate	chocolate milkshake
batidos	milkshakes
batidos de frutas	fruit milkshakes
bavaroise	dessert made from egg whites and cream
bem passado	well done
berbigão	clam-like shellfish
beringelas	aubergines
besugos	sea bream
beterraba	beetroot
bica	small black coffee
bifanas	pork slice in a roll
bife	steak
bife à cortador	thick tender steak
bife de alcatra	rump steak
bife de atum	tuna steak
bife de javali	wild boar steak
bife de pojadouro	top round steak
bife de vaca (com ovo a cavalo)	steak (with an egg on top)
bife grelhado	grilled steak
bife tártaro	steak tartare
bifes de cebolada	steak with onions

bifes de perú	turkey steaks
bifinhos de porco	small slices of pork
bifinhos nas brasas	small slices of barbecued beef
bola de carne	meat ball cooked in dough
bolo de amêndoa	almond cake
bolo de chocolate	chocolate cake
bolo de nozes	walnut cake
bolo inglês	sponge cake containing dried fruit
bolo Rei	ring-shaped cake eaten at Christmas
bolos	cakes
branco	white
broas	corn cakes
cabeça de pescada cozida	boiled head of hake
cachorros	hot dogs
café	coffee
café com pingo	espresso coffee with brandy
café duplo	double espresso
café glacé	ice coffee
caldeirada	fish stew
caldo de aves	bird soup
caldo de carne	meat soup
caldo verde	cabbage soup
camarões	prawns
canela	cinnamon
canja de galinha	chicken soup
capilé	drink made from water, sugar and syrup
caracóis	snails
caranguejos	crabs
carapaus de escabeche	marinated mackerel
carapaus fritos	fried mackerel
carapinhada de café	coffee drink with crushed ice
carapinhada de chocolate	chocolate drink with crushed ice
carapinhada de groselha	blackcurrant drink with crushed ice
carapinhada de morango	strawberry drink with crushed ice
caril	curry
carioca	small weak black coffee
carne à jardineira	meat and vegetable stew
carne de porco com amêijoas	pork with clams
carne de vaca assada	roast beef

carne de vaca guisada	stewed beef
carne estufada	stewed meat
carneiro	mutton
carnes	meats
carnes frias	selection of cold meats
castanhas	chestnuts
cerejas	cherries
cerveja	beer
cerveja branca	lager
cerveja preta	bitter (beer)
chá de lucialima	herb tea
chá de limão	lemon tea
chá de mentol	mint tea
chá de tília	lime tea
chanfana de porco	pork casserole
chantilly	whipped cream
charlotte	biscuits with fruit and cream
chocolate glacé	iced chocolate
chocolate quente	hot chocolate
chocos	cuttle fish
chouriço	spiced sausage
choux	cream puff
churros	long tube-shaped fritters
cidra	cider
cimbalino	small black coffee
civet lebre	jugged hare
cocktail de camarão	prawn cocktail
codorniz	quail
coelho à caçadora	rabbit casserole with rice
coelho de fricassé	rabbit fricassee
coelho frito	fried rabbit
cogumelos	mushrooms
cogumelos com alho	mushrooms with garlic
compota	stewed fruit
conquilhas	baby clams
coração	heart
corações de alcachofra	artichoke hearts
cordonizes fritas	fried quail
corvina	large sea fish
costeletas	chops

costeletas de carneiro	lamb chops
costeletas de porco	pork chops
costeletas fritas	fried chops
costeletas grelhadas	grilled chops
courgettes com creme no forno	baked courgettes with cream
courgettes fritas	fried courgettes
couve branca com vinagre	white cabbage with vinegar
couve-flor	cauliflower
couve-flor com molho branco no forno	cauliflower cheese
couve-flor com natas	cauliflower with cream
couve roxa	red cabbage
couvert	cover charge
couves de bruxelas	brussels sprouts
couves de bruxelas com natas	brussels sprouts with cream
couves de bruxelas salteadas	brussels sprouts in butter sauce
couves guisadas com salsichas	stewed cabbage and sausage
cozido à portuguesa	Portuguese stew (with chicken, sausage etc)
creme de marisco	cream of shellfish soup
crepe de camarão	prawn crêpe
crepe de carne	meat crêpe
crepe de cogumelos	mushroom crêpe
crepe de espinafres	spinach crêpe
crepe de legumes	vegetable crêpe
crepe de pescada	hake crêpe
crepe suzette	crêpe suzette
crepes	crêpes
croquettes	meat croquettes
doce	dessert, jam, sweet (wines)
doce de amêndoa	almond dessert
doce de ovos	custard-like sweet made from eggs and sugar
dourada	dory (sea fish)
éclair de chantilly	whipped cream éclair
éclairs de café	coffee éclairs
éclairs de chocolate	chocolate éclairs
eirozes	eels
ementa	menu
empadão de carne	large meat pie

empadão de peixe	large fish pie
encharcada	sweet made of almonds and eggs
enguias	eels
enguias fritas	fried eels
ensopado de borrego	lamb stew
ensopado de enguias	eel stew
entradas	starters
entrecosto	entrecôte
entrecosto com amêijoas	entrecôte with clams
entrecosto frito	fried entrecôte
ervilhas	peas
ervilhas com ovos	stewed peas with poached eggs and bacon
ervilhas de manteiga	peas in butter sauce
ervilhas rebocadas	peas in butter sauce with bacon
escalope	escalope
escalope ao Madeira	escalope with Madeira wine
escalope de carneiro	mutton escalope
escalope de porco	pork escalope
escalope panado	breaded escalope
espargos	asparagus
esparguete à bolonhesa	spaghetti bolognese
esparregado	puréed spinach
espetada de leitão	sucking pig kebab
espetada de rins	kidney kebab
espetada de vitela	veal kebab
espetada mista	mixed kebab
espinafres gratinados	spinach with cheese
espinafres salteados	spinach in butter sauce
expresso	espresso coffee
faisão	pheasant
farófias	whipped egg white with cinnamon
farturas	long tube-shaped fritters
fatias recheadas	slices of bread with fried mince
febras de porco	thin pork slices
feijão verde	French bean
feijoada	bean stew
fiambre caramelizado	ham coated with caramel
figos	figs

figos moscatel	Moscatel figs
figos secos	dried figs
filete	fillet
filete de bife com foie gras	fillet of beef with foie gras
filetes de pescada	fillets of hake
filhozes	sugared buns
folhado de carne	meat roll with puff pastry
folhado de salsicha	sausage roll
fondue	fondue
fondue de carne	meat fondue
fondue de chocolate	chocolate fondue
fondue de queijo	cheese fondue
frango	chicken
frango assado	roast chicken
frango na púcara	chicken casserole with Port and almonds
frango no churrasco	barbecued chicken
frango no espeto	barbecued chicken (kebabs)
frito de ... (fruta)	(fruit) fritter
fruta	fruit
fruta da época	seasonal fruit
funcho	fennel
galantine de coelho	rabbit galantine
galantine de galinha	chicken galantine
galantine de vegetais	vegetable galantine
galão	large milky coffee
galinha de África	guinea fowl
galinha de fricassé	chicken fricassée
gambas	prawns
gambas grelhadas	grilled prawns
garoto	small milky coffee
gaspacho	chilled vegetable soup
gelado	ice cream
gelado de baunilha	vanilla ice cream
gelado de frutas	fruit ice cream
geleia	preserve
ginjinha	type of cherry brandy
groselha	currant similar to blackcurrant
hamburguer	hamburger
hamburguer com batatas fritas	hamburger and chips

hamburguer com ovo	hamburger and egg
hamburguer no pão	hamburger roll
iogurte	yoghurt
iscas à portuguesa	fried liver and boiled potatoes
italiana	half an espresso
lagosta	lobster
lagosta à americana	lobster with tomato and onions
lagosta thermidor	lobster thermidor
lagostins	crayfish
lampreia à moda do Minho	lamprey served in the Minho style (marinated)
lampreia de ovos	egg dessert shaped as a lamprey
lanche	afternoon tea
laranjas	oranges
lasanha	lasagna
leitão da Bairrada	sucking pig from Bairrada
leite	milk
leite creme	light custard with cinnamon
limonada	fresh lemon juice diluted in water
língua	tongue
língua de porco	tongue of pork
língua de vaca	tongue of beef
linguado à meunière	sole meunière
linguado grelhado/frito/no forno	grilled/fried/baked sole
lista	menu
lista de preços	price list
lombo de porco	loin of pork
lombo de vaca	sirloin
lulas com natas	stewed squid with cream
lulas fritas/guisadas/recheadas	fried/stewed/stuffed squid
maçã assada	baked apple
maçãs	apples
macedónia de frutas	fruit cocktail
mal passado	rare
manteiga	butter
manteiga de anchova	anchovy butter
marinada	marinade
marisco	shellfish
marmelada	quince jam
marmelos	quince

marmelos assados	roast quince
Mateus Rosé®	sweet rosé wine
mayonnaise	mayonnaise
mayonnaise de alho	garlic mayonnaise
mazagrin	iced coffee with lemon
meia de leite	large white coffee
meia desfeita	cod and chickpeas with olive oil and vinegar
meio-seco	medium dry
melancia	watermelon
melão	melon
melão com presunto	melon with ham
meloa com vinho do Porto/ Madeira	small melon with Port/Madeira
merengue	meringue
mexilhões	mussels
migas à alentejana	thick bread soup
mil folhas	sweet flaky pastry
miolos	brains
miolos com ovos	brains with eggs
míscaros	mushrooms
molho à espanhola	spicy onion and garlic sauce
molho ao Madeira	Madeira sauce
molho bearnaise	sauce made from egg yolks, lemon juice and herbs
molho béchamel	bechamel sauce
molho branco	white sauce
molho holandês	sauce hollandaise (with fish)
molho mornay	béchamel sauce with cheese
molho mousseline	sauce hollandaise with cream
molho tártaro	tartare sauce (mayonnaise with herbs, gherkins and capers)
molho veloutée	white sauce made from egg yolks and cream
morangos	strawberries
morangos com chantilly	strawberries and whipped cream
morangos com natas	strawberries and cream
morena (mistura branca e preta)	beer (mixture of lager and bitter)
Moscatel	muscatel wine

mousse de chocolate	chocolate mousse
mousse de fiambre	ham mousse
mousse de leite condensado	condensed milk mousse
napolitanas	long, flat biscuits
nêsperas	loquats (fruits)
nozes	walnuts
omolette	omelette
omolette com ervas	vegetable omelette
omolette de cogumelos	mushroom omelette
omolette de fiambre	ham omelette
omolette de queijo	cheese omelette
orelha de porco de vinaigrette	pig's ear in vinaigrette
ovo com mayonnaise	egg mayonnaise
ovo em geleia	jellied egg
ovo estrelado	fried egg
ovo quente	soft-boiled egg
ovos escalfados	poached eggs
ovos mexidos	scrambled eggs
ovos mexidos com tomate	scrambled eggs with tomato
ovos verdes	stuffed eggs
pv (preço variado)	price varies
pão de centeio	rye bread
pão de ló de Alfazeirão	sweet sponge cake
pão de ló de Ovar	sweet sponge cake
pão de milho	corn bread
pão integral	wholemeal bread
pão torrado	toasted bread
pargo	sea-bream
pargo assado	roast bream
pargo cozido	boiled bream
parrilhada	fish grill
pasmados branco	white wine
pastéis de Tentugal	custard pie with almonds and nuts
pastéis de nata	puff pastry with an egg custard filling
pastelinhos de bacalhau	cod fishcakes
pataniscas	salted cod fritter
paté de aves	bird pâté
paté de fígado	liver pâté
paté de galinha	chicken pâté

pato à Cantão	Chinese style duck
pato assado	roast duck
pato com laranja	duck à l'orange
peixe	fish
peixe espada	swordfish
peixe espada de escabeche	marinated swordfish
peixinhos da horta	French bean fritter
pequeno almoço continental	continental breakfast
pêra abacate	avocado pear
pêra bela Helena	pear in chocolate sauce
pêras	pears
percebes	kind of shellfish
perdizes fritas/na púcara/de escabeche	fried/casseroled/marinated partridge
perna de carneiro assada	roast leg of lamb
perna de carneiro entremeada	stuffed leg of lamb
perninhas de rã	frog's legs
perú	turkey
perú assado	roast turkey
perú de fricassé	turkey fricassée
perú recheado	stuffed turkey
pescada cozida	boiled hake
pescadinhas de rabo na boca	whiting served with their tails in their mouths
pêssego careca	nectarine
pêssegos	peaches
petit-fours	small almond cakes
pimenta	pepper
pimentos	peppers (red or green)
piperate	pepper stew
prato do dia	today's special
prato especial da casa	speciality of the house
pratos combinados	mixed dishes
pregos	thin slice of steak in a roll
pudim de laranja	orange flan
pudim de ovos	egg pudding
pudim flan	type of crème caramel
pudim molotov	crème caramel with egg white
puré de batata	mashed potatoes
puré de castanhas	chestnut purée

queijo curado	cured cheese
queijo da Ilha	strong peppery cheese from Madeira
queijo da Serra	cheese from the Serra da Estrela
queijo de cabra	goat's cheese
queijo de ovelha	sheep's cheese
queijo de Palmela	small dried cheese
queijo de Serpa	small dried cheese
queijo fresco	very mild goat's cheese
queijos	cheeses
rabanadas	French toast
raia	skate
remoulade	dressing with mustard and herbs
requeijão	curd cheese
rillete	potted pork and goose meat
rins	kidneys
rins à Madeira	kidney served with Madeira wine
rins salteados	sautéed kidneys
rissol	rissole
rissol de camarão	prawn rissole
robalo	rock-bass
rolo de carne	meat loaf
sabayon	dessert with egg yolks and white wine
sal	salt
salada de agriões	cress salad
salada de atum	tuna salad
salada de chicória	chicory salad
salada de frutas	fruit salad
salada de lagosta	lobster salad
salada russa	diced vegetable salad in mayonnaise
salada/salada mista/salada de tomate	salad/mixed salad/tomato salad
salmão	salmon
salmão fumado	smoked salmon
salmonetes grelhados	grilled mullet
salsicha	sausage
salsichas de cocktail	cocktail sausages
salsichas de perú	turkey sausages
salsichas de porco	pork sausages
sandes de fiambre	ham sandwich
sandes de lombo	steak sandwich

sandes de paio	sausage sandwich
sandes de presunto	ham sandwich
sandes de queijo	cheese sandwich
sandes mista	mixed sandwich
santola	spider crab
santola gratinada	spider crab au gratin
sapateira	spider crab
sardinhas assadas	grilled sardines
seco	dry
selecção de queijos	selection of cheeses
sobremesas	desserts
solha	flounder
solha assada no forno	baked flounder
solha frita	fried flounder
solha recheada	stuffed flounder
sonhos	fried dough with cinnamon
sopa de agriões	cress soup
sopa de alho francês	leek soup
sopa de camarão	prawn soup
sopa de cebola gratinada	onion soup au gratin
sopa de cogumelos	mushroom soup
sopa de cozido	meat soup
sopa de espargos	asparagus soup
sopa de lagosta	lobster soup
sopa de ostras	oyster soup
sopa de panela	egg-based sweet
sopa de pão e coentros	soup with bread and coriander
sopa de pedra	vegetable soup
sopa de peixe	fish soup
sopa de rabo de boi	oxtail soup
sopa de tartaruga	turtle soup
sopa dourada	egg-based sweet
sopa Juliana	vegetable soup
sopas	soups
soufflé de camarão	prawn soufflé
soufflé de chocolate	chocolate soufflé
soufflé de cogumelos	mushroom soufflé
soufflé de espinafres	spinach soufflé
soufflé de peixe	fish soufflé
soufflé de queijo	cheese soufflé

soufflé gelado	ice cream soufflé
sumo de laranja	orange juice
sumo de limão	lemon juice
sumo de maçã	apple juice
sumo de tomate	tomato juice
tarte de amêndoa	almond tart
tarte de cogumelos	mushroom quiche
tarte de limão	lemon tart
tarte de maçã	apple tart
tinto	red
tomates recheados	stuffed tomatoes
toranja	grapefruit
torresmos	small rashers of bacon
tortilha	Spanish omelette (with potato)
tosta	toasted sandwich
tosta mista	ham and cheese toasted sandwich
toucinho do céu	kind of sweetmeat
trufas de chocolate	chocolate truffles
truta	trout
truta assada no forno	baked trout
truta cozida	boiled trout
truta frita	fried trout
uvas brancas/pretas	white/black grapes
uvas moscatel	moscatel grapes
veado assado	roast venison
vieiras recheadas	stuffed scallops
vinagre de estragão	tarragon vinegar
vinho branco	white wine
vinho de aperitivo	aperitif wine
vinho do Porto	Port wine
vinho moscatel	muscatel wine
vinhos espumantes	sparkling wines
vinho tinto	red wine
vinho verde	slightly sparkling wine
xarope	syrup
xarope de groselha	blackcurrant syrup
xarope de morango	strawberry syrup

SHOPPING

The usual hours of opening are 9 am to 1 pm and 3 pm to 7 pm. Most shops close at 1 pm on Saturdays. In major cities, shopping centres (Centro Comercial) are open from 10 am to midnight, seven days a week.

USEFUL WORDS AND PHRASES

Please refer to the mini-dictionary for individual items you may want to ask for.

audio equipment	o equipamento de som	*eekeepamentoo duh song*
baker	a padaria	*padduh-ree-uh*
boutique	a boutique	*booteek*
butcher	o talho	*talyoo*
bookshop	a livraria	*leevraree-uh*
to buy	comprar	*komprahr*
cake shop	a pastelaria	*pashtulluh-ree-uh*
cheap	barato	*barah-too*
chemist	a farmácia	*farmass-yuh*
department store	os grandes armazéns	*grandz armazayngsh*
fashion	a moda	*modduh*
fishmonger	a peixaria	*payshuh-ree-uh*
florist	a florista	*floreeshtuh*
grocer	a mercearia	*mersee-uh-ree-uh*
ironmonger	o ferreiro	*ferray-roo*
ladies' wear	a roupa de senhoras	*roh-puh duh sun-yorush*
menswear	a roupa de homens	*roh-puh dommayngsh*
newsagent	a tabacaria	*tabakuh-ree-uh*
pharmacy	a farmácia	*farmass-yuh*
receipt	a factura	*faktooruh*

record shop	a discoteca	*deeshkootekkuh*
sale	os saldos	*saldoosh*
shoe shop	a sapataria	*sapatuh-ree-uh*
shop	a loja	*lojjuh*
to go shopping	ir às compras	*eer ash komprush*
souvenir shop	a loja de artigos regionais	*lojjuh darteegoosh rej-yoo-nysh*
special offer	a oferta especial	*offair-tuh shpuss-yal*
to spend	gastar	*gash-tahr*
stationer	a papelaria	*papulluh-ree-uh*
supermarket	o supermercado	*sooper-mer-kah-doo*
tailor	a alfaiataria	*alfye-attuh-ree-uh*
till	a caixa	*kye-shuh*
travel agent	a agência de viagens	*ajenss-yuh duh vee-ah-jayngsh*
toyshop	a loja de brinquedos	*lojjuh duh breenkeh-doosh*

I'd like...
Queria...
kree-uh

Do you have...?
Tem...?
tayng

How much is this?
Quanto é que isto custa?
kwantoo eh kee eeshtoo kooshtuh

Do you have any more of these?
Tem mais destes?
tayng mysh deshtush

Have you anything cheaper?
Tem alguma coisa mais barata?
tayng algoomuh koyzuh mysh barah-tuh

Have you anything larger?
Tem maior?
tayng ma-yor

Have you anything smaller?
Tem mais pequeno?
tayng mysh pekeh-noo

Can I try it (them) on?
Posso experimentar?
possoo shperee-mentahr

Does it come in other colours?
Tem outras cores?
tayng oh-trush korush

I'd like to change this, please
Queria trocar isto, por favor
kree-uh trookahr eeshtoo, poor fuh-vor

Can I have a refund?
Pode-me devolver o dinheiro?
pod-muh duvvolvair oo deen-yay-roo

Can I have a receipt?
Pode-me dar uma factura, por favor?
pod-muh dar oomuh faktooruh, poor fuh-vor

Where do I pay?
Onde é que se paga?
ondee eh kuh suh pah-guh

REPLIES YOU MAY BE GIVEN

É favor não mexer
Please don't touch

Estão a atender?
Are you being served?

É tudo o que temos
This is all we have

Não devolvemos o dinheiro
We cannot give cash refunds

Não tem mais pequeno?
Have you anything smaller?

Por favor utilize um trolley/cesto
Please take a trolley/basket

Tenho muita pena mas não há mais
I'm sorry, we're out of stock

Could you wrap it for me?
Pode-me embrulhar isto?
pod-muh embrool-yar eeshtoo

Can I have a bag please?
Pode-me dar um saco, por favor?
pod-muh dar oom sakoo, poor fuh-vor

Where is the ... department
Onde é a secção de...?
ondee eh uh seksowng duh

I'm just looking
Estou só a ver
shtoh soh uh vair

I'll come back later
Volto mais tarde
voltoo mysh tard

THINGS YOU'LL SEE OR HEAR

agência de viagens	travel agent
barato	cheap
caro	expensive
cave	basement
centro comercial	shopping centre
confecções de criança	children's wear
confecções de homem	menswear
confecções de senhora	ladies' wear
desconto	discount
drogaria	drugstore
florista	florist
gelataria	ice-cream shop
livraria	bookshop
loja de brinquedos	toyshop
loja de peles	furrier
lugar	greengrocer
moda	fashion
objectos de escritório	office supplies
oferta especial	special offer
padaria	bakery
papelaria	stationer
pastelaria	cake shop
pechincha	bargain
pré-pagamento	pay before you eat
preço	price

→

preços reduzidos	reduced prices
primeiro andar	first floor
primeiro piso	first floor
produtos alimentares	groceries
qualidade	quality
rés-do-chão	ground floor
sapataria	shoeshop
secção	department
tabacaria	newsagent
talho	butcher

AT THE HAIRDRESSER

In addition to ordinary hairdressers, there are also hairdressing salons to be found in all the new Portuguese shopping centres, where they are open from 10.00 am to midnight all week round – including Sundays. There are only a few unisex salons.

USEFUL WORDS AND PHRASES

appointment	a marcação	*markassowng*
beard	a barba	*barbuh*
blond	louro	*lōh-roo*
brush	a escova	*shkovvuh*
comb	o pente	*pent*
conditioner	o creme amaciador	*krem amass-yuh-dor*
curlers	os rolos	*rolloosh*
curling tongs	o ferro de frisar	*ferroo duh freezahr*
curly	encaracolado	*ayng-karakoolah-doo*
dark	escuro	*shkooroo*
fringe	a franja	*franjuh*
gel	o gel	*jell*
hair	o cabelo	*kabeh-loo*
haircut	o corte de cabelo	*kort duh kabeh-loo*
hairdresser	o cabeleireiro/	*kublay-ray-roo*
	a cabeleireira	*kublay-ray-ruh*
hairdryer	o secador	*seh-kador*
highlights	as madeixas	*maday-shush*
long	comprido	*kompreedoo*
moustache	o bigode	*beegod*
parting	o risco	*reeshkoo*
perm	a permanente	*permanent*
shampoo	o shampoo	*shampoh*
shave	barbear	*barbee-ahr*

71

shaving foam	a espuma de barbear	*shpoomuh duh barbee-ahr*
short	curto	*koortoo*
wavy	ondulado	*ondoolah-doo*

I'd like to make an appointment
Queria fazer uma marcação
kree-uh fazair oomuh markassowng

Just a trim please
Queria só cortar as pontas, por favor
kree-uh soh koortahr ush pontush, poor fuh-vor

Not too much off
Não corte muito
nowng kort mweentoo

A bit more off here please
Corte um pouco mais aqui, por favor
kort oom poh-koo myze akee, poor fuh-vor

I'd like a cut and blow-dry
Queria cortar e fazer brushing
kree-uh koortahr ee fazair brushing

I'd like a perm
Queria fazer uma permanente
kree-uh fazair oomuh permanent

I'd like highlights
Queria fazer madeixas
kree-uh fazair maday-shush

THINGS YOU'LL SEE OR HEAR

barbeiro	barber
cabeleireiro de homens	men's hairdresser
cabeleireiro de senhoras	ladies' salon
cabeleireiro unisexo	unisex salon
cabeleireiro/cabeleireira	hairdresser
espigado	split ends
fazer a barba	shave
fazer brushing	blow-dry
laca	hairspray
lavar e pentear	wash and set
oleoso	oily
permanente	perm
peruca	wig
salão de cabeleireiro	hairdressing salon
secar com secador de mão	blow-dry
seco	dry
tinta	tint

SPORTS

Thanks to Portugal's excellent climate almost all outdoor sports are well catered for. The Algarve and Lisbon coasts especially provide excellent opportunites for swimming, water-skiing, paragliding, sailing, fishing and windsurfing. The northwest coast with its rougher sea is not so inviting. A flag warning system operates on most beaches: red for dangerous conditions, yellow for caution and green for all clear. It is advisable to swim within the designated areas (*zona de banhos*) where the lifeguard (*banheiro* or *nadador-salvador*) keeps an eye on the swimmers. Avoid the danger areas (*zona perigosa*). Hiring equipment poses no problem and most things are available at reasonable prices.

Golf can be played all the year round at courses in the Lisbon area and nearly all the major beach resorts. The famous Penina course in the Algarve is a championship venue and caters especially for golfing holidays. Tennis courts can be found in most places, but the majority belong to hotels or to private clubs. Squash is rapidly becoming more popular, but again most courts belong to private organisations.

USEFUL WORDS AND PHRASES

athletics	o atletismo	*atleteej-moo*
badminton	o badminton	*badminton*
ball	a bola	*bolluh*
beach	a praia	*pry-uh*
bicycle	a bicicleta	*beesseeklettuh*
canoe	a canoa	*kanoh-uh*
deckchair	a cadeira de lona	*kadayruh duh lonnuh*
diving board	a prancha de saltos	*pranshuh duh saltoosh*
fins	as barbatanas	*barbatah-nush*

fishing	a pesca	*peshkuh*
fishing rod	a cana de pesca	*kah-nuh duh peshkuh*
flippers	as barbatanas	*barbatah-nush*
football	o futebol	*foot-boll*
football match	o desafio de futebol	*dezafee-oo*
goggles	os óculos	*okkooloosh*
golf	o golfe	*golf*
golf course	o campo de golfe	*kampoo duh golf*
gymnastics	a ginástica	*jeenash-tikkuh*
harpoon	a espingarda submarina	*shpeengarduh soobmareenuh*
hockey	o hóquei	*okkay*
jogging	o jogging	*jogging*
lake	o lago	*lah-goo*
mountaineering	o alpinismo	*alpeeneej-moo*
oxygen bottles	as garrafas de oxigénio	*garrah-fush dee oksee-jenyoo*
pedal boat	a gaivota	*gye-vottuh*
racket	a raqueta	*rakettuh*
riding	a equitação	*eekeetassowng*
rowing boat	o barco a remos	*barkoo uh reh-moosh*
to run	correr	*koorair*
sailboard	a prancha de windsurf	*pranshuh duh windsurf*
sailing	fazer vela	*fazair velluh*
sand	a areia	*arrayyuh*
sea	o mar	*mar*
skin-diving	mergulhar	*mergool-yahr*
to skate	patinar	*pateenar*
skates	os patins	*pateensh*
snorkel	o respirador aquático	*rushpeerador akwattikoo*
stadium	o estádio	*shtahd-yoo*
sunshade	o chapéu de sol	*shapeh-oo duh soll*
to swim	nadar	*nadahr*
swimming pool	a piscina	*peesh-seenuh*
tennis	o ténis	*tenneesh*

tennis court	o campo de ténis	*kampoo duh tenneesh*
tennis racket	a raqueta de ténis	*rakettuh duh tenneesh*
tent	a tenda de campismo	*tenduh duh kampeej-moo*
underwater fishing	a pesca submarina	*peshkuh soobmaree-nuh*
volleyball	o voleibol	*vollay-boll*
water-skiing	o esqui aquático	*shkee akwattikoo*
water-skis	os esquis aquáticos	*shkeez akwattikoosh*
wave	a onda	*onduh*
wet suit	o fato isotérmico	*fah-too ezzootairmeekoo*
windsurfing	o windsurf	*windsurf*
yacht	o iate	*yat*

How do I get to the beach?
Como é que se vai para a praia?
koh-moo eh kuh suh vye prah pry-uh

Is the water very deep here?
A água aqui é muito funda?
uh ahg-wuh akee eh mweentoo foonduh

Is there an indoor/outdoor pool here?
Há aqui piscina coberta/ao ar livre?
ah akee peesh-seenuh koobairtuh/ow ar leevruh

Is it safe to swim here?
Pode-se nadar aqui?
pod-suh nadahr akee

Can I fish here?
Posso pescar aqui?
possoo pushkar akee

Do I need a licence?
Preciso de uma licença?
presseezoo doomuh leessensuh

I would like to hire a sunshade
Queria alugar um chapéu de sol
kree-uh aloogahr oom shapeh-oo duh soll

How much does it cost per hour/day?
Quanto custa por hora/por dia?
kwantoo kooshtuh poor oruh/ poor dee-uh

I would like to take water-skiing lessons
Queria ter lições de esqui aquático
kree-uh tair leesoynsh dushkee akwattikoo

Where can I hire...?
Onde posso alugar...?
onduh possoo aloogahr

THINGS YOU'LL SEE OR HEAR

aluguer de barcos	boat hire
aluguer de barracas	(tent-shaped) sunshades for hire
aluguer de gaivotas	pedal boat hire
apanhar banhos de sol	to sunbathe
banheiro	lifeguard
bronzeador	suntan lotion
campo de golfe	golf course
campo de ténis	tennis court
clube de golfe	golf club
clube de ténis	tennis club
fazer surf	to surf
fazer vela	to sail
fazer windsurf	to windsurf
mergulhar	to go diving

→

montar a cavalo	to go (horse) riding
nadador-salvador	lifeguard
nadar	to swim
perigo	danger
pesca submarina	underwater fishing
piscina	swimming pool
piscina coberta	indoor swimming pool
primeiros socorros	first aid
proibido acampar	no camping
proibido nadar	no swimming
proibido pescar	no fishing
proibido tomar banho	keep out of the water
remar	to row
zona de banhos	swimming area
zona perigosa	danger zone

POST OFFICE

Post offices in Portugal can be found by looking for either *correios* or more frequently a blue sign with the letters CTT. Stamps can be bought in the post office but they are also available in hotels and tobacconist shops. Letter boxes are red. Post offices are usually open between 9 am and 6 pm. Sub-post offices close for lunch.

USEFUL WORDS AND PHRASES

airmail	o correio aéreo	*koorayoo ah-airee-oo*
collection	a tiragem	*teerah-jayng*
counter	o balcão	*balkowng*
customs form	o impresso de alfândega	*eempressoo duh alfândugguh*
delivery	a distribuição	*deeshtreeb-weesowng*
form	o impresso	*eempressoo*
letter	a carta	*kartuh*
letter box	o marco do correio	*markoo duh koorayoo*
mail	o correio	*koorayoo*
money order	o vale postal	*vahl pooshtal*
package/parcel	a encomenda	*enkoomenduh*
post	o correio	*koorayoo*
postage rates	as tarifas postais	*tarree-fush poosh-tysh*
postal order	o vale postal	*vahl pooshtal*
postcard	o postal	*pooshtal*
postcode	o código postal	*koddigoo pooshtal*
poste-restante	a posta-restante	*poshtuh rushtant*
postman	o carteiro	*kartayroo*
post office	os correios	*koorayoosh*
registered letter	a carta registada	*kartuh rejeeshtah-duh*
stamp	o selo	*seh-loo*
surface mail	via superfície	*vee-uh sooper-feesee*
telegram	o telegrama	*tullugrah-muh*

How much is a letter/postcard to...?
Quanto custa uma carta/um postal para...?
kwantoo kooshtuh oomuh kartuh/oom pooshtal paruh

I would like three 20 escudos stamps
Queria três selos de vinte escudos
kree-uh tresh seh-loosh duh veent shkoodoosh

I want to register this letter
Quero mandar esta carta registada
kairoo mandahr eshtuh kartuh rejeeshtah-duh

I want to send this parcel to...
Quero mandar esta encomenda para...
kairoo mandahr eshtuh enkoomenduh paruh

How long does the post to ... take?
Quanto tempo é que o correio demora a chegar a...?
kwantoo tempoo eh kuh oo koorayoo demoruh uh shuggahr uh

Where can I post this?
Onde posso pôr isto no correio?
onduh possoo por eeshtoo noo koorayoo

Is there any mail for me?
Há algum correio para mim?
ah algoom koorayoo paruh meeng

I'd like to send a telegram
Queria mandar um telegrama
kree-uh mandahr oom tullu-grah-muh

This is to go airmail
Quero mandar isto por avião
kairoo mandahr eeshtoo poor avee-owng

80

THINGS YOU'LL SEE OR HEAR

carta	letter
carta expresso	express letter
código postal	post code
correio aéreo	airmail
correios (CTT)	post office
destinatário	addressee
direcção	address
encomenda	parcel
franquia	postage
horário de abertura	opening hours
localidade	place
marco do correio	letterbox
morada	address
por avião	by air mail
posta-restante	poste-restante
preencher	to fill in
registos	registered mail
remetente	sender
selos	stamps
tarifas	charges
telefone	telephone
telegramas	telegrams
tiragem	collection
vale postal internacional	international money order
via superfície	surface mail

TELEPHONE

Most telephone boxes in Portugal are metallic-grey. There is now direct dialling to most countries in the world. Codes are usually displayed inside the phone box. To call the UK, dial 0044 and then remember to omit the 0 which prefixes all UK area codes. To call the USA, dial 0971.

The tones you hear on Portuguese phones are:

Dialling tone: same as in UK or USA
Ringing tone: repeated long tone
Engaged tone: rapid pips

All post offices have telephone booths. To make a call from these, you must ask at the counter for a line and then pay the assistant directly after having made the call. There are also pay-phones in bars and restaurants (usually coloured red), but these cannot be used for international calls.

USEFUL WORDS AND PHRASES

call	a chamada telefónica	*shamah-duh tulluh-fonnikuh*
to call	telefonar	*tulluh-foonahr*
code	o indicativo	*eendeekuh-teevoo*
crossed line	as linhas cruzadas	*leenyush kroozah-dush*
to dial	marcar	*markahr*
dialling tone	o sinal de marcar	*seenal duh markahr*
emergency	a emergência	*eemer-jenss-yuh*
enquiries	informações	*eenfoormuh-soyngsh*
extension	a extensão	*eeshtensowng*
international call	a chamada internacional	*shamah-duh eenternass-yoonal*

number	o número	*noomeroo*
operator	a telefonista	*tulluh-fooneeshtuh*
pay-phone	o telefone público	*tulluh-fonn pooblikoo*
push-button phone	o telefone automático	*tulluh-fonn owto-mattikoo*
receiver	o auscultador	*owshkooltuh-dor*
reverse charge call	a chamada paga no destinatário	*shamah-duh pah-guh noo dushteenatar-yoo*
telephone	o telefone	*tulluh-fonn*
telephone box	a cabina telefónica	*kabeenuh tulluh-fonnikuh*
telephone directory	a lista telefónica	*leeshtuh tulluh-fonnikuh*

Where is the nearest phone box?
Onde fica a cabina telefónica mais próxima?
onduh feekuh uh kabeenuh tulluh-fonnikuh mysh prossimuh

Hello, this is ... speaking
Está, é o/a...
shtah, eh oo/uh

Is that...?
É o/a...?
eh oo/uh

Speaking
É o próprio *(said by man)*
eh oo propree-oo
É a própria *(said by woman)*
eh uh propree-uh

I would like to speak to...
Queria falar com...
kree-uh falahr kong

Extension ... please
Extensão ... por favor
eeshtensowng ... poor fuh-vor

Please tell him ... called
Faz favor de dizer que telefonou o/a...
fash fuh-vor duh deezair kuh tulluh-foonoh oo/uh

Ask him to call me back please
Faz favor de lhe dizer para me telefonar
fash fuh-vor dul-yuh deezair paruh muh tulluh-foonahr

My number is...
O meu número de telefone é o...
oo meh-oo noomeroo duh tulluh-fonn eh oo

Do you know where he is?
Sabe onde é que ele está?
sahb ondee eh kee ehl shtah

When will he be back?
Quando é que ele regressa?
kwandoo eh kee ehl regressuh

Could you leave him a message?
Pode-lhe deixar um recado?
podl-yuh dayshahr oom rekah-doo

I'll ring back later
Volto a telefonar mais tarde
voltoo uh tulluh-foonahr mysh tard

Sorry, I've got the wrong number
Desculpe, enganei-me no número
dushkoolp, enganay-muh noo noomeroo

REPLIES YOU MAY BE GIVEN

Com quem quer falar?
Who would you like to speak to?

É engano
Wrong number

Quem fala?
Who's speaking?

Está? estou?
Hello?

De que número fala?
What is your number?

Desculpe, mas ele não está
Sorry, he's not in

Ele vem às ... horas
He'll be back at ... o'clock

Volte a telefonar amanhã, por favor
Please call again tomorrow

Eu digo-lhe que telefonou
I'll tell him you called

Is there a telephone directory?
Tem uma lista telefónica?
tayng oomuh leeshtuh tulluh-fonnikuh

I would like the directory for...
Queria a lista telefónica de...
kree-uh uh leeshtuh tulluh-fonnikuh duh

TELEPHONE

Can I call abroad from here?
Posso falar daqui para o estrangeiro?
possoo falahr dakee proh shtran-jayroo

How much is a call to...?
Quanto custa uma chamada para...?
kwantoo kooshtuh oomuh shamah-duh paruh

I would like to reverse the charges
Queria que a chamada fosse paga no destinatário
kree-uh kee uh shamah-duh foss pah-guh noo dushteenatar-yoo

I would like a number in...
Queria um número em...
kree-uh oom noomeroo ayng

THINGS YOU'LL SEE OR HEAR

115 – emergências	emergency
avariado	out of order
avarias	faults service
cabina telefónica	telephone box
chamada intercontinental	international call
chamada interurbana	long-distance call
chamada local	local call
indicativo	code
informações	enquiries
serviço automático	direct dialling
serviço internacional	international
tarifas	charges
telefone	telephone

HEALTH

In Portugal there are state-run hospitals and private hospitals. Private hospitals and clinics are very expensive and not as well equipped as the state-run hospitals. If you go privately, always ask the price first. In case of an emergency ask to be taken to the *banco* (casualty). There are reciprocal arrangements between Portugal and Britain for free medical treatment, if you need it.

Medicines and drugs are only available from chemists *(farmácias)*, open from 9 am to 1 pm and from 3 pm to 7 pm. If shut, there will be a notice on the door giving the address of the duty chemist *(farmácia de serviço)*.

USEFUL WORDS AND PHRASES

accident	o acidente	*asseedent*
ambulance	a ambulância	*amboolanss-yuh*
anaemic	anémico	*anemmeekoo*
appendicitis	a apendicite	*apendee-seet*
appendix	o apêndice	*apen-deess*
aspirin	a aspirina	*ashpeereenuh*
asthma	a asma	*ajmuh*
backache	a dor nas costas	*dor nush koshtush*
bandage	a ligadura	*leegadooruh*
bite	a mordedura	*mordedooruh*
(of insect)	a picada	*peekah-duh*
bladder	a bexiga	*besheeguh*
blister	a bolha	*bolyuh*
blood	o sangue	*sanguh*
blood donor	o dador de sangue	*dador duh sanguh*
burn	a queimadura	*kaymadooruh*
cancer	o cancro	*kankroo*
chemist	a farmácia	*farmass-yuh*
chest	o peito	*paytoo*

chickenpox	a varicela	*vareeselluh*
cold	a constipação	*konshēeepassowng*
concussion	o traumatismo	*trowmateejmoo*
constipation	a prisão de ventre	*preezowng duh ventruh*
contact lenses	as lentes de contacto	*lentsh duh kontaktoo*
corn	o calo	*kaloo*
cough	a tosse	*toss*
cut	o golpe	*golp*
dentist	o dentista	*denteeshtuh*
diabetes	os diabetes	*dee-ābetsh*
diarrhoea	a diarreia	*dee-arrayuh*
dizzy	estonteado	*shtontee-ah-doo*
doctor	o médico	*meddeekoo*
earache	a dor de ouvidos	*dor dee oh-veedoosh*
fever	a febre	*februh*
filling	o chumbo	*shoomboo*
first aid	os primeiros socorros	*preemay-roosh sookorroosh*
flu	a gripe	*greep*
fracture	a fractura	*fraktooruh*
German measles	a rubéola	*roobeh-oolluh*
glasses	os óculos	*okkooloosh*
haemorrhage	a hemorragia	*ēmmoorah-jee-uh*
hayfever	a febre dos fenos	*februh doosh feh-noosh*
headache	a dor de cabeça	*dor duh kabeh-suh*
heart	o coração	*koorassowng*
heart attack	o enfarte	*ayng-fart*
hospital	o hospital	*oshpeetal*
ill	doente	*doo-ent*
indigestion	a indigestão	*eendēejesshtowng*
injection	a injecção	*eenjessowng*
itch	a comichão	*koomee-showng*
kidney	o rim	*reeng*
lump	o inchaço	*eenshah-soo*
measles	o sarampo	*sarampoo*
migraine	a enxaqueca	*enshakekkuh*
mumps	a papeira	*papay-ruh*

nausea	as náuseas	*now-zee-ush*
nurse	a enfermeira	*emfermay-ruh*
operation	a operação	*operassowng*
optician	o oculista	*okooleeshtuh*
pain	a dor	*dor*
penicillin	a penicilina	*penee-seeleenuh*
plaster	o adesivo	*adezeevoo*
pneumonia	a pneumonia	*pneh-oomoonee-yuh*
pregnant	grávida	*gravviduh*
prescription	a receita	*russay-tuh*
rheumatism	o reumatismo	*reh-oo-mateejmoo*
scald	a queimadura	*kaymadooruh*
scratch	o arranhão	*arran-yowng*
smallpox	a varíola	*varee-olluh*
sore throat	a dor de garganta	*dor duh gargantuh*
splinter	a falha	*falyuh*
sprain	a distenção	*deeshtensowng*
sting	a picada	*peekah-duh*
stomach	o estômago	*shtoh-magoo*
temperature	a temperatura	*temperatooruh*
tonsils	as amígdalas	*ameegduh-lush*
toothache	a dor de dentes	*dor duh dentsh*
travel sickness	o enjoo de viagem	*enjoh-oo duh vee-ah-jayng*
ulcer	a úlcera	*oolseruh*
vaccination	a vacinação	*vasseenassowng*
to vomit	vomitar	*voomee-tar*
whooping cough	a tosse convulsa	*toss convoolsuh*

I have a pain in...
Dói-me...
doy-muh

I do not feel well
Não me sinto bem
nowng muh seentoo bayng

89

I feel faint
Sinto que vou desmaiar
seentoo kuh voh duj-my-ar

I feel sick
Estou agoniado
shtoh agoonee-ah-doo

I feel dizzy
Sinto tonturas
seentoo-tontoor-ush

It hurts here
Dói-me aqui
doy-muh akee

It's a sharp pain
É uma dor aguda
eh oomuh dor agooduh

It's a dull pain
É uma moinha
eh oomuh moo-een-yuh

It hurts all the time
Dói-me sempre
doy-muh sempruh

It only hurts now and then
Dói-me só de vez em quando
doy-muh soh duh vez ayng kwandoo

It hurts when you touch it
Dói-me quando lhe toca
doy-muh kwandool-yuh tokkuh

It hurts more at night
Dói-me mais à noite
doy-muh mysh ah noyt

It stings
Arde-me
ard-muh

It aches
Dói-me
doy-muh

I have a temperature
Tenho febre
tenyoo februh

I need a prescription for...
Preciso duma receita de...
presseezoo doomuh russay-tuh duh

I normally take...
Normalmente tomo...
noormalment toh-moo

I'm allergic to...
Sou alérgico a...
soh alairjikkoo uh

Have you got anything for...?
Tem alguma coisa para...?
tayng algoomuh koyzuh paruh

Do I need a prescription for...?
Preciso duma receita para...?
presseezoo doomuh russay-tuh paruh

I have lost a filling
Caiu-me um chumbo
kayoo-muh oom shoomboo

REPLIES YOU MAY BE GIVEN

Tome ... pílulas/comprimidos de cada vez
Take ... pills/tablets at a time

Com água
With water

Mastigue-os
Chew them

Uma vez/duas vezes/três vezes ao dia
Once/twice/three times a day

Só quando se deitar
Only when you go to bed

O que é que geralmente toma?
What do you normally take?

Eu acho que devia consultar um médico
I think you should see a doctor

Tenho muita pena, mas não temos isso
I'm sorry, we don't have that

Para isso precisa duma receita
For that you need a prescription

THINGS YOU'LL SEE OR HEAR

abcesso	abscess
ambulância-115	ambulance (emergency number)
análises de sangue	blood tests
banco	casualty
chumbo	filling
clínica	clinic
consulta	appointment
consultório	surgery
dentista	dentist
doutor	doctor
exames	tests
farmácia de serviço	duty chemist
horário das consultas	surgery hours
infectado	septic
injecção	injection
médico	doctor
oculista	optician
óculos	glasses
otorrinolaringologista	ear, nose and throat specialist
penso	dressing
posto de enfermagem	first aid post
posto de socorro	first aid post
pressão arterial	blood pressure
radiografia	X-ray
receita	prescription
serviço permanente	open 24 hours
urgências	emergencies
vacina	vaccine

CONVERSION TABLES

DISTANCES

Distances are marked in kilometres. To convert kilometres to miles, divide the km. by 8 and multiply by 5 (one km. being five-eighths of a mile). Convert miles to km. by dividing the miles by 5 and multiplying by 8. A mile is 1609m. (1.609km.).

km.	miles or km.	miles
1.61	1	0.62
3.22	2	1.24
4.83	3	1.86
6.44	4	2.48
8.05	5	3.11
9.66	6	3.73
11.27	7	4.35
12.88	8	4.97
14.49	9	5.59
16.10	10	6.21
32.20	20	12.43
48.28	30	18.64
64.37	40	24.85
80.47	50	31.07
160.93	100	62.14
321.90	200	124.30
804.70	500	310.70
1609.34	1000	621.37

Other units of length:

1 centimetre = 0.39 in.	1 inch = 25.4 millimetres
1 metre = 39.37 in.	1 foot = 0.30 metre (30 cm.)
10 metres = 32.81 ft.	1 yard = 0.91 metre

WEIGHTS

The unit you will come into most contact with is the kilogram (kilo), equivalent to 2 lb 3 oz. To convert kg. to lbs., multiply by 2 and add one-tenth of the result (thus, 6 kg x 2 = 12 + 1.2, or 13.2 lbs). One ounce is about 28 grams, and 1 lb is 454 g. One UK hundredweight is almost 51 kg; one USA cwt is 45 kg. One UK ton is 1016 kg (USA ton = 907 kg).

grams	ounces	ounces	grams
50	1.76	1	28.3
100	3.53	2	56.7
250	8.81	4	113.4
500	17.63	8	226.8

kg.	lbs. or kg.	lbs.
0.45	1	2.20
0.91	2	4.41
1.36	3	6.61
1.81	4	8.82
2.27	5	11.02
2.72	6	13.23
3.17	7	15.43
3.63	8	17.64
4.08	9	19.84
4.53	10	22.04
9.07	20	44.09
11.34	25	55.11
22.68	50	110.23
45.36	100	220.46

LIQUIDS

Motorists from the UK will be used to seeing petrol priced per litre (and may even know that one litre is about $1\frac{1}{4}$ pints). One 'imperial' gallon is roughly $4\frac{1}{2}$ litres, but USA drivers must remember that the American gallon is only 3.8 litres (1 litre = 1.06 US quart). In the following table, imperial gallons are used:

litres	gals. or l.	gals.
4.54	1	0.22
9.10	2	0.44
13.64	3	0.66
18.18	4	0.88
22.73	5	1.10
27.27	6	1.32
31.82	7	1.54
36.37	8	1.76
40.91	9	1.98
45.46	10	2.20
90.92	20	4.40
136.38	30	6.60
181.84	40	8.80
227.30	50	11.00

TYRE·PRESSURES

lb/sq.in.	15	18	20	22	24
kg/sq.cm.	1.1	1.3	1.4	1.5	1.7

lb/sq.in.	26	28	30	33	35
kg/sq.cm.	1.8	2.0	2.1	2.3	2.5

AREA

The average tourist isn't all that likely to need metric area conversions, but with more 'holiday home' plots being bought overseas nowadays it might be useful to know that 1 square metre = 10.8 square feet, and that the main unit of land area measurement is a hectare (which is $2\frac{1}{2}$ acres). The hectare is 10,000 sq.m. – for convenience, visualise something roughly 100 metres or yards square. To convert hectares to acres, divide by 2 and multiply by 5 (and vice-versa).

hectares	acres *or* ha.	acres
0.4	**1**	2.5
2.0	**5**	12.4
4.1	**10**	24.7
20.2	**50**	123.6
40.5	**100**	247.1

TEMPERATURE

To convert centigrade or Celsius degrees into Fahrenheit, the accurate method is to multiply the °C figure by 1.8 and add 32. Similarly, to convert °F to °C, subtract 32 from the °F figure and divide by 1.8. This will give you a truly accurate conversion, but takes a little time in mental arithmetic! See the table below. If all you want is some idea of how hot it is forecast to be in the sun, simply double the °C figure and add 30; the °F result will be overstated by a degree or two when the answer is in the 60-80°F range, while 90°F should be 86°F.

°C	°F	°C	°F	
-10	14	25	77	
0	32	30	86	
5	41	36.9	98.4	body temperature
10	50	40	104	
20	68	100	212	boiling point

CLOTHING SIZES

Slight variations in sizes, let alone European equivalents of UK/USA sizes, will be found everywhere so be sure to check before you buy. The following tables are approximate:

Women's dresses and suits

UK	10	12	14	16	18	20
Europe	**36**	**38**	**40**	**42**	**44**	**46**
USA	8	10	12	14	16	18

Men's suits and coats

UK/USA	36	38	40	42	44	46
Europe	**46**	**48**	**50**	**52**	**54**	**56**

Women's shoes

UK	4	5	6	7	8
Europe	**37**	**38**	**39**	**41**	**42**
USA	$5\frac{1}{2}$	$6\frac{1}{2}$	$7\frac{1}{2}$	$8\frac{1}{2}$	$9\frac{1}{2}$

Men's shoes

UK/USA	7	8	9	10	11
Europe	**41**	**42**	**43**	**44**	**45**

Men's shirts

UK/USA	14	$14\frac{1}{2}$	15	$15\frac{1}{2}$	16	$16\frac{1}{2}$	17
Europe	**36**	**37**	**38**	**39**	**41**	**42**	**43**

Women's sweaters

UK/USA	32	34	36	38	40
Europe	**36**	**38**	**40**	**42**	**44**

Waist and chest measurements

Inches	28	30	32	34	36	38	40	42	44	46
Cms	71	76	80	87	91	97	102	107	112	117

Postage
will be
paid by
licensee

Do not affix Postage Stamps if posted in
Gt Britain, Channel Islands, N Ireland
or the Isle of Man

BUSINESS REPLY SERVICE
Licence No. **WC 2852**

HUGO'S LANGUAGE BOOKS LTD
104 JUDD STREET
LONDON, WC1H 9BR

hugo

Cassette Language Courses

FRENCH, GERMAN, SPANISH, ITALIAN, GREEK, SWEDISH, PORTUGUESE, DUTCH AND JAPANESE . . .

These Audio Language Courses add a vital element to the famous "Three Months" books upon which they are based. Thousands of students have been delighted to find how easy it is to learn a language through this potent audio-visual combination of grammar and conversational fluency – an unbeatable investment for business or pleasure!

Name

Address

Post this card for full details (no stamp needed)

MINI—DICTIONARY

about: about 16 cerca de
  dezasseis
accelerator o acelerador
accident o acidente
accommodation o alojamento
ache a dor
adaptor *(electrical)* o adaptador
address a morada
adhesive o adesivo
after depois
after-shave a loção de barbear
again outra vez
against contra
air o ar
air-conditioning o ar
  condicionado
aircraft o avião
air freshener o desodorizante de
  ambiente
air hostess a hospedeira do ar
airline a companhia aérea
airport o aeroporto
alcohol o álcool
all tudo
  that's all é tudo
  all the streets todas as ruas
allowed permitido
almost quase
alone só
already já
always sempre
am: I am eu sou
ambulance a ambulância
America a América
American americano
and e
ankle o tornozelo
anorak o anoraque
another outro

antique shop a loja de
  antiguidades
antiseptic o antiséptico
**anything: do you have
  anything?** tem alguma coisa?
apartment o apartamento
aperitif o aperitivo
appendicitis a apendicite
appetite o apetite
apple a maçã
application form a ficha de
  inscrição
appointment a consulta
apricot o damasco
are: you are *(sing. polite)*
  (to man) o Senhor é
  (to woman) a Senhora é
  (sing. familiar) tu és
  (plural polite) os Senhores/as
  Senhoras são
  (plural familiar) vocês são
  we are somos
  they are eles são
arm o braço
art a arte
art gallery a galeria de arte
artist o artista
as: as soon as possible o mais
  depressa possível
ashtray o cinzeiro
asleep a dormir
  he's asleep ele está a dormir
aspirin a aspirina
at: at the post office nos correios
  at night à noite
  at 3 o'clock às três horas
attractive atraente
aunt a tia
Australia a Austrália

Australian australiano
Austria a Áustria
Austrian austríaco
automatic automático
away: is it far away? é longe?
  go away! vá-se embora!
awful horrível
axe o machado
axle o eixo

baby o bébé
back *(not front)* a parte posterior
  (body) as costas
bacon o bacon
  bacon and eggs bacon com
  ovos
bad mau
bait a isca
bake assar
baker o padeiro
balcony a varanda
ball a bola
  (dance) o baile
ball-point pen a esferográfica
banana a banana
band *(musicians)* a banda
bandage a ligadura
bank o banco
banknote a nota
bar o bar
  a bar of chocolate a tablete de
  chocolate
barbecue o churrasco
barber's o barbeiro
bargain a pechincha
basement a cave
basin o alguidar
  (sink) o lavatório
basket o cesto
bath o banho

  to have a bath tomar banho
bathing hat a touca de banho
bathroom a casa de banho
bath salts os sais de banho
battery *(car)* a bateria
  (torch) a pilha
beach a praia
beans os feijões
beard a barba
because porque
bed a cama
bed linen a roupa de cama
bedroom o quarto
beef a carne de vaca
beer a cerveja
before antes
beginner o principiante
behind atrás
beige beige
Belgian belga
Belgium a Bélgica
bell *(church)* o sino
  (door) a campainha
below abaixo
belt o cinto
beside perto de
best o melhor
better melhor
between entre
bicycle a bicicleta
big grande
bikini o bikini
bill a conta
bin liner o saco do lixo
bird o pássaro
birthday o dia de anos
  happy birthday! Parabéns!
birthday card o cartão de
  aniversário
biscuit a bolacha
bite *(verb)* morder
  (noun) a mordedura

bitter amargo
black preto
blackberry a amora
blanket o cobertor
bleach *(verb)* descolorar
  (noun) a lexívia
blind *(cannot see)* cego
  (on window) o estore
blister a bolha
blood o sangue
blouse a blusa
blue azul
boat o navio
  (smaller) o barco
body o corpo
boil *(verb)* ferver
bolt *(verb)* trancar
  (on door) a fechadura
bone o osso
  (fish) a espinha
bonnet *(car)* o capot
book *(noun)* o livro
  (verb) reservar
booking office a bilheteira
bookshop a livraria
boot *(car)* o porta-bagagens
  (footwear) a bota
border a fronteira
boring aborrecido
born: I was born in ... eu nasci
  em ...
both ambos
  both of them ambos
  both of us nós os dois
  both ... and ... tanto ...
  como ...
bottle a garrafa
bottle-opener o abre-garrafas
bottom o fundo
bowl a tigela
box a caixa
boy o rapaz

boyfriend o namorado
bra o soutien
bracelet a pulseira
braces os suspensórios
brake *(noun)* o travão
  (verb) travar
brandy o brandy
bread o pão
breakdown *(car)* a panne
  (nervous) o esgotamento nervoso
breakfast o pequeno almoço
breathe respirar
  I can't breathe não posso
  respirar
bridge a ponte
briefcase a pasta
British britânico
brochure o folheto
broken partido
  broken leg a perna partida
brooch o alfinete
brother o irmão
brown castanho
bruise a contusão
brush *(noun)* a escova
  (paint) o pincel
  (verb) escovar
bucket o balde
building o edifício
bull o touro
bullfight a tourada
bullfighter o toureiro
bumper o pára-choques
burglar o gatuno
burn *(verb)* queimar
  (noun) a queimadura
bus o autocarro
business o negócio
  it's none of your business
  não tem nada com isso
bus station a estação de
  autocarros

busy *(occupied)* ocupado
(street) movimentado
but mas
butcher o cortador (de talho)
butter a manteiga
button o botão
buy comprar
by: by the window perto da
janela
by Friday na Sexta-Feira
by myself sozinho

cabbage a couve
cable car o teleférico
cafe o café
cagoule o impermeável de nylon
cake o bolo
cake shop a pastelaria
calculator a máquina de calcular
call: what's it called? como é
que se diz?
camera a máquina fotográfica
campsite o parque de campismo
camshaft a vara (tirante) de
excêntricos
can *(tin)* a lata
can I ...? posso ...?
can I have ...? pode-me dar ...?
Canada o Canadá
Canadian canadiano
canal o canal
cancer o cancro
candle a vela
canoe a canoa
cap o boné
car o carro
caravan a roulotte
carburettor o carburador
card o cartão
cardigan o casaco de malha

careful cuidadoso
be careful! cuidado!
carpark o parque de
estacionamento
carpet a carpete
carriage *(train)* a carruagem
carrot a cenoura
carry-cot o porta-bébé
case a mala
cash o dinheiro
(change) o troco
to pay cash pagar em dinheiro
cassette a cassette
cassette player o leitor de
cassettes
castle o castelo
cat o gato
cathedral a catedral
cauliflower a couve-flor
cave a gruta
cemetery o cemitério
centre o centro
certificate o certificado
chair a cadeira
chambermaid a criada de quarto
chamber music a música de
câmara
change *(money)* trocar
(clothes) mudar de roupa
Channel o canal da Mancha
cheap barato
cheers! saúde!
cheese o queijo
chemist *(shop)* a farmácia
cheque o cheque
cheque book o livro de cheques
cheque card o cartão de crédito
cherry a cereja
chess o xadrez
chest o peito
chewing gum a pastilha elástica
chicken o frango

child a criança
children as crianças
children's playground o parque infantil
china a porcelana
China a China
Chinese chinês
chips as batatas fritas
chocolate o chocolate
  a box of chocolates uma caixa de chocolates
chop *(food)* a costeleta
  (to cut) cortar
Christian name o nome próprio
church a igreja
cigar o charuto
cigarette o cigarro
city a cidade
city centre o centro da cidade
class a classe
classical music a música clássica
clean limpo
clear claro
  is that clear? compreende?
clever esperto
clock o relógio
  (alarm) o despertador
close *(near)* perto
  (stuffy) abafado
  (verb) fechar
  the shop is closed a loja está fechada
clothes a roupa
club o clube
  (cards) o naipe de paus
clutch a embraiagem
coach o autocarro
  (of train) a carruagem
coach station a estação dos autocarros
coat o casaco
coathanger o cabide

cockroach a barata
coffee o café
coin a moeda
cold *(illness)* a constipação
  (adj) frio
collar a gola
collection *(stamps etc)* a colecção
  (postal) a tiragem
colour a cor
colour film o rolo de fotografia a cores
comb *(noun)* o pente
  (verb) pentear
come vir
  I come from ... eu sou de ...
  we came last week nós viemos a semana passada
communication cord o sinal de alarme
compartment o compartimento
complicated complicado
concert o concerto
conditioner *(hair)* o creme amaciador
conductor *(bus)* o condutor
  (orchestra) o maestro
congratulations! parabéns!
constipation a prisão de ventre
consulate o consulado
contact lenses as lentes de contacto
contraceptive o contraceptivo
cook *(noun)* o cozinheiro
  (verb) cozinhar
cooking utensils os utensílios de cozinha
cool fresco
cork a rolha
corkscrew o saca-rolhas
corner *(in room)* o canto
  (of street) a esquina
corridor o corredor

cosmetics os cosméticos
cost *(verb)* custar
  what does it cost? quanto é
  que custa?
cot a cama de bébé
cotton o algodão
cotton wool o algodão hidrófilo
cough *(verb)* tossir
  (noun) a tosse
could: could you ...? podia ...?
council o conselho
country *(state)* o país
  (not town) o campo
cousin *(male)* o primo
  (female) a prima
crab o caranguejo
cramp a cãibra
crayfish o lagostim
cream as natas
  (for skin) o creme
credit card o cartão de crédito
crew a tripulação
crisps as batatas fritas
crowded apinhado
cruise o cruzeiro
crutches as muletas
cry *(weep)* chorar
  (shout) gritar
cucumber o pepino
cufflinks os botões de punho
cup a chávena
cupboard o armário
curlers os rolos
curls os caracóis
curry o caril
curtain a cortina
Customs a Alfândega
cut *(noun)* o golpe
  (verb) cortar

dad o papá
dairy *(shop)* a leitaria
damp húmido
dangerous perigoso
dark escuro
daughter a filha
day o dia
dead morto
deaf surdo
dear caro
deckchair a cadeira de convés
deep fundo
deliberately de propósito
dentist o dentista
dentures a dentadura postiça
deny negar
  I deny it eu nego isso
deodorant o desodorizante
department store os grandes
  armazéns
departure a partida
develop *(a film)* revelar
diamond *(jewel)* o diamante
  (cards) o naipe de ouros
diarrhoea a diarreia
diary a agenda
dictionary o dicionário
die morrer
diesel o gasóleo
different diferente
  that's different isso é diferente
  I'd like a different one queria
  outro diferente
difficult difícil
dining car a carruagem
  restaurante
dining room a casa de jantar
directory *(tel)* a lista telefónica
dirty sujo
disabled deficiente
disco uma boîte
distributor *(car)* o distribuidor

dive mergulhar
divorced divorciado
do fazer
doctor o médico
document o documento
dog o cão
doll a boneca
dollar o dólar
door a porta
double room o quarto de casal
doughnut a bola de Berlim
down em baixo
drawing pin o pionés
dress o vestido
drink *(verb)* beber
(noun) a bebida
would you like a drink? quer
   uma bebida?
drinking water a água potável
drive *(verb: car)* conduzir
driver o condutor
driving licence a carta de
   condução
drunk embriagado
dry seco
dry cleaner a limpeza a seco
dummy *(for baby)* a chupeta
during durante
dustbin o caixote de lixo
duster o pano do pó
Dutch holandês
duty-free duty-free

each cada
   two escudos each dois escudos
   cada
early cedo
earrings os brincos
ears as orelhas
east o este

easy fácil
egg o ovo
either: either of them um
   qualquer
   either ... or ... ou ... ou ...
elastic elástico
elastic band o elástico
elbows os cotovelos
electric eléctrico
electricity a electricidade
else: something else outra coisa
   someone else outra pessoa
   somewhere else outro sítio
embarrassing embaraçoso
embassy a embaixada
embroidery o bordado
emerald a esmeralda
emergency a emergência
empty vazio
end o fim
engaged *(occupied)* ocupado
   I'm engaged eu estou noivo
engine *(motor)* o motor
   (railway) a locomotiva
England a Inglaterra
English inglês
Englishman o inglês
Englishwoman a inglesa
enlargement a ampliação
enough suficiente
entertainment o divertimento
entrance a entrada
envelope o envelope
escalator a escada rolante
especially especialmente
evening a noite
every cada
everyone toda a gente
everything tudo
everywhere em toda a parte
example o exemplo
   for example por exemplo

excellent excelente
excess baggage o excesso de bagagem
exchange *(verb)* trocar
exchange rate a cotação cambial
excursion a excursão
excuse me! desculpe!
  (to get attention) se faz favor!
  (to get past) com licença
exit a saída
expensive caro
extension lead a extensão
eye drops as gotas para os olhos
eyes os olhos

face a cara
faint *(unclear)* vago
  (verb) desmaiar
  to feel faint sentir-se desfalecer
fair *(funfair)* a feira
  (just) justo
  it's not fair não há direito
family a família
fan *(ventilator)* a ventoínha
  (enthusiast) o adepto
fan belt a correia da ventoínha
fantastic fantástico
far longe
fare a tarifa
farm a quinta
farmer o lavrador
fashion a moda
fast rápido
fat *(person)* gordo
  (on meat etc) a gordura
father o pai
feel *(touch)* tocar
  I feel hot tenho calor
  I feel like ... apetece-me ...
  I don't feel well não me sinto

bem
feet os pés
felt-tip a caneta de feltro
ferry *(small)* o ferry-boat
fever a febre
fiancé o noivo
fiancée a noiva
field o campo
fig o figo
filling *(tooth)* o chumbo
film o filme
finger o dedo
fire o lume
  (blaze) o incêndio
  (heater) o aquecimento
fire extinguisher o extintor
firework o fogo de artifício
first primeiro
first aid os primeiros socorros
first floor o primeiro andar
fish o peixe
fishing a pesca
  to go fishing ir à pesca
fishing rod a cana de pesca
fishmonger a peixaria
fizzy gasoso
flag a bandeira
flash *(camera)* o flash
flat *(level)* plano
  (apartment) o apartamento
flavour o sabor
flea a pulga
flight o voo
flip-flops as chinelas de borracha de meter o dedo
flippers as barbatanas
floor o chão
  (storey) o andar
flour a farinha
flower a flor
flu a gripe
flute a flauta

fly *(verb)* voar
  (insect) a mosca
fog o nevoeiro
folk music a música folclórica
food a comida
food poisoning a intoxicação
  alimentar
football o futebol
for para
  for me para mim
  what for? para quê?
  for a week por uma semana
foreigner o estrangeiro
forest a floresta
forget: I forget esqueci-me
fork o garfo
fortnight a quinzena
fountain pen a caneta de tinta
  permanente
fourth quarto
fracture a fractura
France a França
free *(no cost)* gratuito
  (at liberty) livre
freezer o congelador
French francês
Frenchman o francês
fridge o frigorífico
friend o amigo
friendly simpático
front: in front em frente
frost a geada
fruit a fruta
fruit juice o sumo de frutas
fry fritar
frying pan a frigideira
full cheio
  I'm full estou cheio!
full board a pensão completa
funnel *(for pouring)* o funil
funny engraçado
furniture a mobília

garage a garagem
garden o jardim
garlic o alho
gas-permeable lenses as lentes
  semi-rígidas
gay *(happy)* feliz
  (homosexual) homosexual
gear a mudança
gear lever a alavanca das
  mudanças
gents *(toilet)* homens
German alemão
Germany a Alemanha
get *(fetch)* ir buscar
  have you got ...? tem ...?
  to get the train tomar o
  comboio
get back: we get back
  tomorrow nós regressamos
  amanhã
  to get something back receber
  algo de volta
get in entrar
  (arrive) chegar
get out sair
get up *(rise)* levantar-se
gift o presente
gin o gin
ginger a gengibre
girl a rapariga
girlfriend a namorada
give dar
glad contente
  I'm glad eu estou contente
glass o copo
glasses os óculos
gloss prints as fotografias em
  papel brilhante
gloves as luvas

glue a cola
go ir
  when does it go? a que horas
  parte?
goggles os óculos
gold o ouro
golf o golfe
golfball a bola de golfe
golfclubs os tacos de golfe
golf course o campo de golfe
good *(adj)* bom
  good! óptimo!
goodbye adeus
government o governo
granddaughter a neta
grandfather o avô
grandmother a avó
grandson o neto
grapes as uvas
grass a relva
Great Britain a Grã-Bretanha
green verde
grey cinzento
grill o grill
grocer *(shop)* a mercearia
ground floor o rés-do-chão
ground sheet a lona impermeável
guarantee *(noun)* a garantia
  (verb) garantir
guard o guarda
guide book o guia
guitar a viola
gun *(rifle)* a espingarda
  (pistol) a pistola

hair os cabelos
haircut o corte de cabelo
hairdresser o cabeleireiro
hair dryer o secador de cabelo
hair spray a laca

half a metade
half board a meia pensão
ham o fiambre
hamburger o hamburger
hammer o martelo
hand a mão
handbag a mala de mão
hand brake o travão de mão
handkerchief o lenço
handle *(door)* a maçaneta
handsome bonito
hangover a ressaca
happy feliz
harbour o porto
hard duro
  (difficult) difícil
hard lenses as lentes rígidas
hat o chapéu
have ter
  can I have ...? pode-me dar ...?
  I don't have ... não tenho ...
  have you got ...? tem ...?
  I have to go now tenho que
  me ir embora
hayfever a febre dos fenos
he ele
head a cabeça
headache a dor de cabeça
headlights os faróis máximos
healthy saudável
hear ouvir
hearing aid o aparelho auditivo
heart o coração
heart attack o ataque cardíaco
heating o aquecimento
heavy pesado
heel *(shoe)* o salto do sapato
  (of body) o calcanhar
hello olá
  (to get attention) se faz favor
help *(noun)* a ajuda
  (verb) ajudar

help! socorro!
her: it's her é ela
  it's for her é para ela
  give it to her dê-o a ela
  her book o livro dela
  her house a casa dela
  her shoes os sapatos dela
  it's hers é dela
here aqui
hi olá
high alto
highway code o código da estrada
hill o monte
him: it's him é ele
  it's for him é para ele
  give it to him dê-o a ele
his: his book o livro dele
  his house a casa dele
  his shoes os sapatos dele
  it's his é dele
history a história
hitch-hike pedir boleia
hobby o passatempo
hole o buraco
holiday as férias
  (bank holiday etc) o feriado
Holland a Holanda
home a casa
honest honesto
honey o mel
honeymoon a lua de mel
horn *(car)* a buzina
  (animal) o chifre
horrible horrível
hospital o hospital
hot quente
hot water bottle o saco de água
  quente
hour a hora
house a casa
how? como?
humid húmido

hungry: to be hungry ter fome
  I'm hungry tenho fome
hurry: I'm in a hurry estou
  com pressa
husband o marido

I eu
ice o gelo
ice cream o gelado
ice cube o cubo de gelo
ice lolly o gelado
ice rink o ringue de patinagem
ice-skates os patins de gelo
if se
ignition a ignição
ill doente
immediately imediatamente
impossible impossível
India a Índia
Indian indiano
indicator o indicador
indigestion a indigestão
infection a infecção
information a informação
injection a injecção
injury o ferimento
ink a tinta
inn a estalagem
inner tube a câmara de ar
insect o insecto
insect repellent o repele-insectos
insomnia a insónia
insurance o seguro
interesting interessante
interpret traduzir
invitation o convite
Ireland a Irlanda
Irish irlandês
iron *(metal)* o ferro
  (for clothes) o ferro de engomar

ironmonger o ferreiro
is: he/she is ele/ela é
  it is ... é ...
island a ilha
Italian italiano
Italy a Itália
itch *(noun)* a comichão
  it itches faz comichão

jacket o casaco
jacuzzi a banheira de massagens
jam a compota
jazz o jazz
jealous ciumento
jeans os jeans
jellyfish a alforreca
jeweller o joalheiro
job o emprego
jog *(verb)* correr
  to go for a jog ir correr
jogging o jogging
joke a brincadeira
journey a viagem
jumper a camisola
just: it's just arrived acabou de chegar
  I've just one left só tenho um

kettle a chaleira
key a chave
kidney o rim
kilo o quilo
kilometre o quilómetro
kitchen a cozinha
knee o joelho
knife a faca
knit tricotar
knitting needle a agulha de
tricotar
know: I don't know não sei

label a etiqueta
lace a renda
  (of shoe) o atacador
ladies *(toilet)* senhoras
lake o lago
lamb o cordeiro
lamp o candeeiro
lampshade o quebra-luz
land *(noun)* a terra
  (verb) aterrar
language a língua
large grande
last *(final)* último
  last week a semana passada
  last month o mês passado
  at last! enfim!
late: it's getting late está-se a fazer tarde
  the bus is late o autocarro está atrasado
laugh rir
launderette a lavandaria automática
laundry *(place)* a lavandaria
  (clothes) a roupa para lavar
laxative o laxativo
lazy preguiçoso
leaf a folha
leaflet a brochura
learn aprender
leather o cabedal
left *(not right)* esquerdo
  there's nothing left não sobrou nada
left luggage o depósito de bagagens
  (locker) o cacifo

leftovers os restos
leg a perna
lemon o limão
lemonade a limonada
length o comprimento
lens *(camera)* a objectiva
    (of glasses) a lente
less menos
lesson a lição
letter a carta
letterbox o marco do correio
lettuce a alface
library a biblioteca
licence a licença
life a vida
lift *(in building)* o elevador
    to give someone a lift dar
    boleia a alguém
light *(not heavy)* leve
    (not dark) claro
lighter o isqueiro
lighter fuel o gás butano
light meter o fotómetro
like: I like you gosto de si
    I like swimming gosto de nadar
    it's like ... é como ...
lime *(fruit)* a lima
lip salve o baton para o cieiro
lipstick o baton
liqueur o licor
Lisbon Lisboa
list a lista
litre o litro
litter o lixo
little *(small)* pequeno
    it's a little big é um pouco
    grande
    just a little só um bocadinho
liver o fígado
lobster a lagosta
locked fechado
lollipop o chupa-chupa

long *(film, road)* longo
    how long? quanto tempo?
lorry o camião
lost property a secção de
    perdidos e achados
lot: a lot muitos
loud alto
    (colour) berrante
lounge a sala
love *(noun)* o amor
    (verb) amar
lover o amante
low baixo
luck a sorte
    good luck! boa sorte!
luggage a bagagem
lunch o almoço

magazine a revista
mail o correio
make fazer
make-up a maquilhagem
man o homem
manager o gerente
map o mapa
    (street map) o mapa da cidade
margarine a margarina
market o mercado
marmalade a compota de laranja
married casado
mascara o rímel
mass *(church)* a missa
match *(light)* o fósforo
    (sport) o jogo
material *(cloth)* o tecido
mattress o colchão
maybe talvez
me: it's me sou eu
    it's for me é para mim
    give it to me dê-mo a mim

meal a refeição
meat a carne
mechanic o mecânico
medicine o remédio
meeting a reunião
melon o melão
menu a ementa
message o recado
midday o meio-dia
middle o meio
midnight a meia-noite
milk o leite
mine: it's mine é meu
mineral water a água mineral
minute o minuto
mirror o espelho
  (car) o espelho retrovisor
mistake o erro
  to make a mistake enganar-se
money o dinheiro
month o mês
monument o monumento
moped a motorizada
more mais
  more or less mais ou menos
morning a manhã
  in the morning de manhã
mother a mãe
motorbike a mota
motorboat o barco a motor
motorway a autoestrada
mountain a montanha
mouse o rato
moustache o bigode
mouth a boca
move mexer
  don't move não se mexa
  (house) mudar-se
movie o filme
mug a caneca
mum a mamã
museum o museu

mushroom o cogumelo
music a música
musical instrument o
  instrumento musical
musician o músico
mussels os mexilhões
mustard a mostarda
my: my book o meu livro
  my house a minha casa
  my shoes os meus sapatos

nail *(metal)* o prego
  (finger) a unha
nail file a lima de unhas
nail polish o verniz de unhas
name o nome
napkin o guardanapo
nappy a fralda
narrow estreito
near: near the door perto da
  porta
  near London perto de Londres
necessary necessário
necklace o colar
need *(verb)* precisar
  I need ... preciso de ...
  there's no need não há
  necessidade
needle a agulha
negative *(photo)* o negativo
neither: neither of them
  nenhum deles
  neither ... nor ... nem ...
  nem ...
nephew o sobrinho
never nunca
new novo
news as novidades
  (TV) as notícias
newsagent a tabacaria

newspaper o jornal
New Zealand a Nova Zelândia
next próximo
  next week a semana que vem
  next month o mês que vem
  what next? e agora?
nice bonito
niece a sobrinha
night a noite
nightclub a boite
nightdress a camisa de dormir
no *(response)* não
  (not any) nenhum
noisy barulhento
north o norte
Northern Ireland a Irlanda do
  Norte
nose o nariz
nose drops as gotas para o nariz
not não
notebook o bloco de
  apontamentos
novel o romance
now agora
nudist o nudista
number o número
  (telephone) o número do telefone
number plate a chapa da
  matrícula
nurse a enfermeira
nut *(fruit)* a noz
  (for bolt) a porca

occasionally ocasionalmente
office o escritório
often frequentemente
oil o óleo
ointment a pomada
OK ok
old velho

olive a azeitona
omelette a omeleta
on: on the balcony na varanda
  on the beach na praia
  on top em cima
one um, uma
onion a cebola
open *(verb)* abrir
  (adj) aberto
operator *(phone)* a telefonista
opposite: opposite the hotel em
  frente do hotel
optician o oculista
or ou
orange *(colour)* cor de laranja
  (fruit) a laranja
orange juice o sumo de laranja
orchestra a orquestra
organ o órgão
our nosso
  it's ours é nosso
out: he's out ele saiu
outside lá fora
over por cima
  over there ali
overtake ultrapassar
oyster a ostra

pack of cards o baralho de cartas
package o embrulho
  (parcel) a encomenda
packet o pacote
  a packet of cigarettes o maço
  de cigarros
page a página
pain a dor
pair o par
Pakistan o Paquistão
Pakistani paquistanês
pancake a panqueca

paracetamol o comprimido de
  paracetamol
paraffin a parafina
parcel o embrulho
pardon? como?
parents os pais
park *(noun)* o jardim público
  (verb) estacionar
parsley a salsa
party *(celebration)* a festa
  (group) o grupo
  (political) o partido
passenger o passageiro
passport o passaporte
pasta a massa
path o caminho
pavement o passeio
pay pagar
peach o pêssego
peanuts os amendoins
pear a pêra
pearl a pérola
peas as ervilhas
pedestrian o peão
peg *(clothes)* a mola da roupa
pen a caneta
pencil o lápis
pencil sharpener o apára-lapis
penfriend o correspondente
penknife o canivete
pepper *(& salt)* a pimenta
  (red/green) o pimento
peppermints os bomboms de
  hortelã pimenta
per: per night por noite
perfume o perfume
perhaps talvez
perm a permanente
petrol a gasolina
petrol station a bomba de
  gasolina
petticoat o saiote

photograph *(noun)* a fotografia
  (verb) fotografar
photographer o fotógrafo
phrase book o livro de frases
piano o piano
pickpocket o carteirista
picnic o piquenique
piece o bocado
pillow a almofada
pillowcase a fronha
pilot o piloto
pin o alfinete
pineapple o ananás
pink cor de rosa
pipe *(for smoking)* o cachimbo
  (for water) o cano
piston o êmbolo
piston ring o aro do êmbolo
pizza a pizza
plant a planta
plaster *(for cut)* o penso
plastic o plástico
plastic bag o saco de plástico
plate o prato
platform a plataforma
please se faz favor
plug *(electrical)* a tomada
  (sink) a válvula
pocket o bolso
poison o veneno
police a polícia
policeman o polícia
police station a esquadra da
  polícia
politics a política
poor pobre
  (bad quality) mau
pop music a música pop
pork a carne de porco
port *(harbour)* o Porto
  (drink) o vinho do porto
porter o porteiro

Portugal Portugal
Portuguese português
possible possível
post *(noun)* o correio
  (verb) pôr no correio
post box a caixa postal
postcard o postal ilustrado
poster o poster
postman o carteiro
post office os correios
potato a batata
poultry as aves
pound *(weight, money)* a libra
powder o pó
pram o carrinho de bébé
prawn a gamba
pregnant grávida
prescription a receita
pretty *(beautiful)* bonito
  (quite) muito
price o preço
priest o padre
private privado
problem o problema
  what's the problem? qual é o
  problema?
public o público
pull puxar
puncture o furo
purple violeta
purse o porta-moedas
push empurrar
pushchair a cadeirinha de bébé
pyjamas o pijama

quality a qualidade
quay o cais
question a pergunta
queue *(noun)* a bicha
  (verb) fazer bicha
quick rápido

quiet silencioso
quilt o edredão
quite *(fairly)* bastante
  (fully) muito

radiator o radiador
radio a telefonia
radish o rabanete
railway line a linha do caminho
  de ferro
  (track) a via férrea
rain a chuva
raincoat o impermeável
raisin a passa
rare *(uncommon)* raro
  (steak) mal passado
raspberry a framboesa
rat a ratazana
razor blades as lâminas para
  barbear
reading lamp o candeeiro
  (bed) o candeeiro da mesinha de
  cabeceira
ready pronto
rear lights as luzes de trás
receipt o recibo
receptionist o recepcionista
record *(music)* o disco
  (sporting etc) o recorde
record player o gira-discos
record shop a discoteca
red encarnado
refreshments *(drink)* as bebidas
  (food) a refeição ligeira
registered letter a carta registada
relax descansar
religion a religião
remember lembrar-se
  I don't remember não me
  lembro

rent *(verb)* alugar
   (noun) a renda
repeat repetir
reservation a reserva
rest *(remainder)* o resto
   (relax) descansar
restaurant o restaurante
restaurant car a carruagem
   restaurante
return *(come back)* regressar
   (give back) devolver
rice o arroz
rich rico
right *(correct)* certo
   (direction) direita
ring *(to call)* telefonar
   (wedding etc) o anel
ripe maduro
river o rio
road a estrada
rock *(stone)* a rocha
   (music) a música rock
roll *(bread)* a carcaça
   (verb) rolar
roller skates os patins
roof o telhado
   (to sit on) o terraço
room o quarto
   (space) o espaço
rope a corda
rose a rosa
round *(circular)* redondo
   it's my round agora pago eu
rowing boat o barco a remos
rubber a borracha
rubbish o lixo
ruby *(colour)* a cor de rubi
   (stone) o rubi
rucksack a mochila
rug *(mat)* a carpete
   (blanket) o cobertor
ruins as ruínas

ruler a régua
rum o rum
run correr
runway a pista

sad triste
safe seguro
safety pin o alfinete de dama
sailing boat o barco à vela
salad a salada
salami o salame
sale a venda
   (at reduced prices) os saldos
salmon as salmão
salt o sal
same: the same hat o mesmo
   chapéu
   the same skirt a mesma saia
   the same again a mesma coisa
sand a areia
sandals as sandálias
sand dunes as dunas
sandwich a sandes
sanitary towels os pensos
   higiénicos
sauce o molho
saucepan a frigideira
sauna a sauna
sausage a salsicha
say dizer
   what did you say? o que é
   que disse?
   how do you say ...? como é
   que se diz ...?
scampi as gambas
Scandinavia a Escandinávia
scarf o lenço
school a escola
scissors a tesoura

Scottish escocês
Scotland a Escócia
screw o parafuso
screwdriver a chave de parafusos
sea o mar
seafood o marisco
seat o lugar
seat belt o cinto de segurança
second segundo
see ver
  I can't see não posso ver
  I see estou a ver
sell vender
sellotape® a fita gomada
separate separado
separated separado
serious sério
serviette o guardanapo
several vários
sew coser
shampoo o shampô
shave *(verb)* fazer a barba
shaver a máquina de barbear
shaving foam a espuma de
  barbear
shawl o xaile
she ela
sheet o lençol
shell a concha
sherry o Xerez
ship o barco
shirt a camisa
shoe laces os atacadores
shoe polish a pomada dos sapatos
shoe shop a sapataria
shoes os sapatos
shop a loja
shopping as compras
  to go shopping ir às compras
shopping centre o centro
  comercial
short curto

shorts os calções
shoulder o ombro
shower *(bath)* o duche
  (rain) o aguaceiro
shrimp o camarão
shutter *(camera)* o obturador
  (window) o estore
sick *(ill)* doente
  I feel sick sinto-me enjoado
side *(edge)* a borda
  I'm on her side eu estou do
  lado dela
sidelights as luzes de presença
sights: the sights of ... as vistas
  de ...
silk a seda
silver *(colour)* prateado
  (metal) a prata
simple simples
sing cantar
single *(one)* único
  (unmarried) solteiro
single room o quarto individual
sister a irmã
skates os patins
skid *(verb)* patinar
skin cleanser o leite de limpeza
skirt a saia
sky o céu
sleep *(noun)* o sono
  (verb) dormir
  to go to sleep ir dormir
sleeping bag o saco de dormir
sleeping car a carruagem cama
sleeping pill o comprimido para
  dormir
sling o aparelho de gesso
slippers as pantufas
slow lento
small pequeno
smell *(noun)* o cheiro
  (verb) cheirar

smile *(noun)* o sorriso
  (verb) sorrir
smoke *(noun)* o fumo
  (verb) fumar
snack a refeição ligeira
snorkel o respirador aquático
snow a neve
so: so good tão bom
soaking solution *(for contact lenses)* a solução para as lentes de contacto
soap o sabonete
socks as meias
soda water a soda
soft lenses as lentes maleáveis
somebody alguém
somehow de qualquer modo
something qualquer coisa
sometimes às vezes
somewhere nalguma parte
son o filho
song a canção
sorry! desculpe!
  I'm sorry tenho muita pena
soup a sopa
south o sul
South Africa a África do Sul
South African sul-africano
souvenir a lembrança
spade *(shovel)* a pá
  (cards) o naipe de espadas
Spain a Espanha
Spanish espanhol
spanner a chave inglesa
spares as peças sobresselentes
spark(ing) plug a vela
speak falar
  do you speak ...? fala ...?
  I don't speak ... eu não falo ...
speed a velocidade
speed limit o limite de velocidade
speedometer o conta-quilómetros

spider a aranha
spinach os espinafres
spoon a colher
sprain a distensão
spring *(mechanical)* a mola
  (season) a Primavera
stadium o estádio
staircase a escada
stairs os degraus
stamp o selo
stapler o agrafador
star a estrela
  (film) a vedeta
start *(noun)* a partida
  (verb) começar
station a estação
  (tube) a estação do metro
statue a estátua
steak o bife
steal roubar
  my bag's been stolen roubaram-me a mala
steamer o barco a vapor
  (cooking) a panela de pressão
steering wheel o volante
steward o comissário de bordo
sting *(noun)* a picada
  (verb) picar
  it stings pica
stockings as meias collants
stomach o estômago
stomach-ache a dor de estômago
stop *(verb)* parar
  (bus stop) a paragem de autocarro
  stop! stop!
storm a tempestade
strawberry o morango
stream *(small river)* o ribeiro
street a rua
street café a esplanada
string *(cord)* o cordel
  (guitar etc) a corda

student o estudante
stupid estúpido
suburbs os arredores
sugar o açúcar
suit *(noun)* o fato
  (verb) ficar bem
  it suits you fica-lhe bem
suitcase a mala
sun o sol
sunbathe tomar banhos de sol
sunburn a queimadura solar
sunglasses os óculos de sol
sunny soalheiro
suntan o bronzeado
suntan lotion a loção de bronzear
supermarket o supermercado
supplement o suplemento
sure: are you sure? tem a
  certeza?
surname o apelido
sweat *(noun)* o suar
  (verb) suar
sweatshirt a sweatshirt
sweet *(not sour)* doce
  (candy) o rebuçado
swimming costume o fato de
  banho
swimming pool a piscina
swimming trunks os calções de
  banho
swing o baloiço
Swiss suíço
switch o interruptor
Switzerland a Suíça
synagogue a sinagoga

table a mesa
tablet o comprimido
take tomar
take away: to take away *(food)*
  para levar
take off *(noun)* a descolagem
  (verb) descolar
talcum powder o pó de talco
talk *(noun)* a conversa
  (verb) falar
tall alto
tampon o tampão
tangerine a tangerina
tap a torneira
tapestry a tapeçaria
tea o chá
tea towel o pano de cozinha
telegram o telegrama
telephone *(noun)* o telefone
  (verb) telefonar
telephone box a cabina telefónica
telephone call a chamada
  telefónica
television a televisão
temperature a temperatura
tent a tenda
tent peg a estaca para prender a
  tenda
tent pole a vara (mastro) da tenda
than do que
thank *(verb)* agradecer
  thanks obrigado
  thank you obrigado
that: that bus esse autocarro
  that man esse homem
  that woman essa mulher
  what's that? o que é isso?
  I think that ... eu penso que ...
their: their room o quarto
  deles/delas
  their books os livros deles/delas
  it's theirs é deles/delas
them: it's them são eles/elas
  it's for them é para eles/elas
  give it to them dê-o a eles/elas
then então

there ali
thermos flask o termo
these: these things estas coisas
  these are mine estes são meus
they eles/elas
thick espesso
thin fino
think pensar
  I think so acho que sim
  I'll think about it vou pensar
  nisso
third terceiro
thirsty: I'm thirsty tenho sede
this: this bus este autocarro
  this man este homem
  this woman esta mulher
  what's this? o que é isto?
  this is Mr ... este é o Senhor ...
those: those things essas coisas
  those are his esses são dele
throat a garganta
throat pastilles as pastilhas para
  a garganta
through através
thunderstorm a trovoada
ticket o bilhete
tide a maré
  low tide a maré-baixa
  high tide a maré-alta
tie *(noun)* a gravata
  (verb) atar
tights os collants
time o tempo
  what's the time? que horas
  são?
timetable o horário
tin a lata
tin opener o abre-latas
tip *(money)* a gorjeta
  (end) a ponta
tired cansado
  I feel tired sinto-me cansado

tissues os lenços de papel
to: to England para Inglaterra
  to the station para a estação
  to the doctor para o médico
toast a torrada
tobacco o tabaco
today hoje
together juntos
toilet a casa de banho
toilet paper o papel higiénico
tomato o tomate
tomato juice o sumo de tomate
tomorrow amanhã
tongue a língua
tonic a água tónica
tonight esta noite
too *(also)* também
  (excessive) demasiado
tooth o dente
toothache a dor de dentes
toothbrush a escova de dentes
toothpaste a pasta de dentes
torch a lanterna
tour a excursão
tourist o turista
tourist information office o
  Turismo
towel a toalha
tower a torre
town a cidade
town hall a câmara municipal
toy o brinquedo
toy shop a loja de brinquedos
track suit o fato de treino
tractor o tractor
tradition a tradição
traffic o trânsito
traffic jam o engarrafamento
traffic lights os semáforos
trailer o reboque
train o comboio
translate traduzir

transmission a transmissão
travel agency a agência de
viagens
traveller's cheque o travel-
cheque
tray a travessa
tree a árvore
trousers as calças
truck o camião
try tentar
tunnel o túnel
tweezers a pinça
typewriter a máquina de
escrever
tyre o pneu

umbrella o chapéu de chuva
uncle o tio
under debaixo de
underground o metropolitano
underpants as cuecas
understand: I don't understand
não compreendo
underwear a roupa interior
university a universidade
unmarried solteiro
until até
unusual pouco vulgar
up em cima
(upwards) para cima
urgent urgente
us: it's us somos nós
it's for us é para nós
give it to us dê-o a nós
use *(noun)* o emprego
(verb) usar
it's no use não vale a pena
useful útil
usual usual
usually usualmente

vacancy *(room)* o quarto para
alugar
vacuum cleaner o aspirador
vacuum flask o termo
valley o vale
valve a válvula
vanilla a baunilha
vase a jarra
veal a vitela
vegetables os legumes
vegetarian *(person)* o vegetariano
(adj) vegetariano
vehicle o veículo
very muito
vest a camisola interior
view a vista
viewfinder o visor
villa a vivenda
village a aldeia
vinegar o vinagre
violin o violino
visa o visto
visit *(noun)* a visita
(verb) visitar
visitor a visita
vitamin tablets as vitaminas
vodka o vodka
voice a voz

waiter o empregado
waiter! se faz favor!
waiting room a sala de espera
waitress a empregada
Wales o País de Gales
walk *(noun)* o passeio
(verb) andar a pé
to go for a walk ir dar um
passeio

walkman® o walkman®
wall *(inside)* a parede
   (outside) o muro
wallet a carteira
war a guerra
wardrobe o roupeiro
warm quente
was: I was here last night eu
   estive aqui ontem à noite
washing powder o detergente
washing-up liquid o detergente
   para lavar a loiça
wasp a vespa
watch *(noun)* o relógio
   (verb) observar
water a água
waterfall a catarata
wave *(noun)* a onda
   (verb) acenar
we nós
weather o tempo
wedding o casamento
week a semana
welcome: you're welcome de
   nada
wellingtons as botas de borracha
Welsh galês
were: we were here last year
   nós estivemos aqui o ano
   passado
west o oeste
wet molhado
what? o quê?
wheel a roda
wheelchair a cadeira de rodas
when? quando?
where? onde?
whether se
which? qual?
whisky o whisky
white branco
who? quem?

why? porquê?
wide largo
wife a esposa
wind o vento
window a janela
   (of shop) a montra
windscreen o pára-brisas
windscreen wiper o limpa
   pára-brisas
wine o vinho
wine list a lista dos vinhos
wine merchant o negociante de
   vinhos
wing a asa
with com
without sem
woman a mulher
wood a madeira
wool a lã
word a palavra
work *(noun)* o trabalho
   (verb) trabalhar
   (machine etc) funcionar
worse pior
worst o pior
wrapping paper o papel de
   embrulho
wrist o pulso
writing paper o papel de carta
wrong errado
   what's wrong? o que se passa?

year o ano
yellow amarelo
yes sim
yesterday ontem
yet: is it ready yet? já está
   pronto?
   not yet ainda não

yoghurt o iogurte
you *(sing. familiar)* tu
  (plural familiar) vocês
  (sing. polite) (to man) o Senhor
  (to woman) a Senhora
  (plural polite) os Senhores/as
  Senhoras
your *(sing. familiar)* **your book** o
  teu livro
  is it yours? é teu?
  (sing. polite) **your house** a sua
  casa

is it yours? é seu?
  (plural familiar and polite) **your
  house** a vossa casa
  is it yours? é vosso?
youth hostel o albergue da
  juventude

zip o fecho eclair®
zoo o jardim zoológico